Rita Schöneck

Effektivität – Kriterien – Proportionen

AKADEMIE DER WISSENSCHAFTEN DER DDR

Schriften des Zentralinstituts für Wirtschaftswissenschaften

Nr. 7

Rita Schöneck

Effektivität – Kriterien – Proportionen

Ein Beitrag zum System volkswirtschaftlicher Effektivitätskriterien

AKADEMIE-VERLAG · BERLIN
1974

Erschienen im Akademie-Verlag, Berlin
108 Berlin, Leipziger Str. 3–4

Lizenznummer: 202 · 100/47/74
Umschlaggestaltung: Nina Striewski
Gesamtherstellung: IV/2/14 VEB Druckerei »Gottfried Wilhelm Leibniz«,
445 Gräfenhainichen/DDR · 4291
Bestellnummer: 752 460 2 (2158/7) · LSV 0325
Printed in GDR
EVP: 12,–

Inhaltsverzeichnis

0. Vorbemerkung

Es gibt wohl heute kaum noch einen Ökonomen – auf welchem Spezialgebiet er auch arbeitet –, der sich nicht in irgendeiner Weise mit Fragen der Effektivität konfrontiert sieht. Dieses Gebiet ist so komplex und vielseitig, daß seine Erforschung und Entwicklung die kollektive Arbeit von Ökonomen verschiedenster Fachrichtungen erfordert. Es existieren viele Ergebnisse aus Untersuchungen zur Effektivität, zu ihren Faktoren und Kriterien oder zu einzelnen Bereichen der Volkswirtschaft. Um die gesamtvolkswirtschaftliche oder gar die gesamtgesellschaftliche Entwicklung mit höchster Effektivität zu leiten, zu planen und zu prognostizieren, müssen alle wesentlichen Seiten und Aspekte der Effektivität im komplexen Zusammenhang des sozialistischen Reproduktionsprozesses erfaßt und berücksichtigt werden.

Die Problematik der Effektivität im gesamtgesellschaftlichen Maßstab entsteht erst auf einer durch die sozialistische Produktionsweise repräsentierten hohen gesellschaftlichen Entwicklungsstufe, wenn die Güter und Leistungen zum Nutzen aller Mitglieder der Gesellschaft produziert und verteilt werden. In der gegenwärtigen Entwicklungsetappe der sozialistischen Volkswirtschaft sind neue Aufgaben und Möglichkeiten herangereift, durch die die Effektivitätsproblematik verstärkt an Bedeutung gewinnt. Das betrifft beispielsweise die Ausrichtung aller Mittel und Möglichkeiten auf eine immer vollkommenere Bedürfnisbefriedigung bei der Gestaltung der entwickelten sozialistischen Gesellschaft, die Meisterung der sich entfaltenden wissenschaftlich-technischen Revolution, den Kurs auf die intensive Entwicklung der Volkswirtschaft und die damit verbundene Rationalisierung in allen Bereichen, den zunehmenden Einfluß von Wissenschaft und Bildung auf den sozialistischen Reproduktionsprozeß, den wachsenden Größenumfang der Produktion und ihre qualitativen Veränderungen, die stärkere Verflechtung aller Bereiche des Reproduktionsprozesses, die sich vertiefende internationale Arbeitsteilung sowie die insgesamt zunehmende gesellschaftliche Bedingtheit des Reproduktionsprozesses.

Die im gesamtgesellschaftlichen Maßstab gestellten Aufgaben zur Steigerung der Effektivität des sozialistischen Reproduktionsprozesses werden unter Führung der marxistisch-leninistischen Partei der Arbeiterklasse in

Verbindung mit der Entwicklung der sozialistischen Produktionsverhältnisse und Produktivkräfte einer Lösung zugeführt. Für eine gegebene Entwicklungsetappe werden in Übereinstimmung mit dem ökonomischen Grundgesetz des Sozialismus (Kommunismus) und mit Hilfe von Analysen der gesellschaftlichen, politischen und ökonomischen Bedingungen die Hauptaufgaben für die Leitung und Planung der Volkswirtschaft festgelegt. Die Hauptaufgabe besteht „in der weiteren Erhöhung des materiellen und kulturellen Lebensniveaus des Volkes auf der Grundlage eines hohen Entwicklungstempos der sozialistischen Produktion, der Erhöhung der Effektivität, des wissenschaftlich-technischen Fortschritts und des Wachstums der Arbeitsproduktivität.“[1]

Die Erhöhung der Effektivität bildet eine wesentliche Grundlage zur Erhöhung des materiellen und kulturellen Lebensniveaus des Volkes. „Hauptweg zu höherer Effektivität“ ist „die Intensivierung der gesellschaftlichen Produktion ... Intensivierung der Produktion heißt ... die Erzeugung zu steigern, indem wir die vorhandenen Produktionsanlagen und Gebäude besser nutzen und modernisieren, indem wir mit der gleichen Zahl von Arbeitskräften mehr produzieren.“[2] *E. Honecker* weist auf dem VIII. Parteitag insbesondere darauf hin, daß mit dem Wachstum der Quantität und Qualität des sozialistischen Eigentums die weiteren Fortschritte immer mehr davon abhängen, wie wir das Vorhandene ausnutzen und weiterentwickeln. Da die Anzahl der Arbeitskräfte sich in absehbarer Zeit nicht erhöhen wird, können neue Arbeitsplätze nur geschaffen werden, wenn an anderer Stelle Arbeitskräfte dafür freigesetzt werden. Gleichzeitig geht es bei der Intensivierung der gesellschaftlichen Produktion darum, mit den Investitionen zur *erweiterten* Reproduktion konsequent den wissenschaftlich-technischen Fortschritt zu verwirklichen. Die Einführung neuer hochproduktiver Maschinen und Anlagen sowie qualitativ hochwertiger Materialien entspricht den Erfordernissen einer intensiv erweiterten Reproduktion. Die Orientierung auf die intensive Entwicklung der Volkswirtschaft macht die sozialistische Rationalisierung „noch stärker zu einer erstrangigen politischen Aufgabe von gesamtgesellschaftlicher Bedeutung.“[3] Zur Steigerung der volkswirtschaftlichen Effektivität ist sowohl der Beitrag der Wissenschaft zu erhöhen als auch die volkswirtschaftliche Struk-

[1] Direktive des VIII. Parteitages der Sozialistischen Einheitspartei Deutschlands zum Fünfjahrplan für die Entwicklung der Volkswirtschaft der DDR 1971 bis 1975, in: Dokumente des VIII. Parteitages der Sozialistischen Einheitspartei Deutschlands, Berlin 1971, S. 48f.

[2] E. Honecker, Bericht des Zentralkomitees an den VIII. Parteitag der Sozialistischen Einheitspartei Deutschlands, Berlin 1971, S. 45

[3] Ebenda, S. 46

tur zu verbessern. Die von der SED herausgearbeiteten Schwerpunktaufgaben für die Effektivitätserhöhung im Reproduktionsprozeß dienen dem Ziel, die vorhandenen und neuen Bedürfnisse der sozialistischen Gesellschaft immer besser zu befriedigen.

Die *Möglichkeit* zur ständigen Erhöhung der volkswirtschaftlichen Effektivität liegt grundsätzlich in der sozialistischen Produktionsweise begründet, weil gegenüber vorsozialistischen Gesellschaftsformationen insbesondere die gesellschaftlichen Zusammenhänge erkannt und überschaubar sind, das sozialistische Eigentum an Produktionsmitteln eine gesellschaftliche Vorausschau und Planung erlaubt und die Ziele der einzelnen Werktätigen und Kollektive in ihrer Grundrichtung mit den Zielen der sozialistischen Gesellschaft übereinstimmen. „Der Vorzug der sozialistischen Produktionsverhältnisse besteht ja gerade darin, daß die Produktion unabhängig von territorialen und betrieblichen Begrenzungen und unabhängig von Schranken, die das Privateigentum an Produktionsmitteln setzt, organisiert werden kann.“[4]

Diese Möglichkeiten auch *Wirklichkeit* werden zu lassen, ist ein komplizierter Entwicklungsprozeß. „Wachsende Ansprüche an das Lebensniveau im Sozialismus verlangen, daß wir alle Möglichkeiten der wissenschaftlich-technischen Revolution bewußt und ohne Einschränkungen mit den Vorzügen unserer sozialistischen Gesellschaftsordnung in der ihr eigenen Form verbinden.“[5] Um die sozialistische Planwirtschaft mit dem Ziel der ständigen Erhöhung des Volkswohlstandes unter den Bedingungen der vorwiegend intensiv erweiterten Reproduktion zu entwickeln und zu vervollkommnen, werden verschiedene Kriterien und Maßstäbe benötigt, um die effektivsten Varianten der Entwicklung der Volkswirtschaft aufzufinden und durchzusetzen. Die ökonomischen Gesetze des Sozialismus müssen erkannt und im Komplex so ausgenutzt werden, daß die neuen Prozesse in Gesellschaft, Wissenschaft und Technik beherrscht werden und sie zur Befriedigung sozialistischer Bedürfnisse angewendet werden können. Das erfordert große Anstrengungen auch auf dem Gebiet der volkswirtschaftlichen Effektivität. Die Ausarbeitung theoretischer Fragen der Effektivität und das Auffinden von Methoden ihrer Erfassung und Beeinflussung ist eine wesentliche Grundlage für die wissenschaftlich begründete Wirtschafts-

[4] W. Stoph, Bericht zur Direktive des VIII. Parteitages der SED zum Fünfjahrplan für die Entwicklung der Volkswirtschaft der DDR in den Jahren 1971 bis 1975, Berlin 1971, S. 39f.

[5] E. Honecker, Das Volk der DDR kann mit Zuversicht die Schwelle zum Jahr 1973 überschreiten, 8. Tagung des Zentralkomitees der SED, Aus dem Schlußwort, Berlin 1972, S. 20

politik, denn die Erhöhung des Tempos der volkswirtschaftlichen Effektivität als eine grundlegende Bedingung für die Entfaltung aller Bereiche der sozialistischen Gesellschaft und für den Sieg in der Klassenauseinandersetzung mit dem imperialistischen System steht im Mittelpunkt der Wirtschaftspolitik von Partei und Staat.

Der in allen Bereichen vorkommende allgemeine Begriff „Effektivität" wird in der Ökonomie für die mit der Erhöhung des Wirkungsgrades der lebendigen und vergegenständlichten Arbeit verbundenen Prozesse der sozialistischen Reproduktion angewendet. In vorliegender Arbeit werden Probleme der Effektivität des Reproduktionsprozesses aus volkswirtschaftlich zusammenfassender Sicht betrachtet. Aus der Fülle der mit der Effektivität zusammenhängenden Problemkomplexe wird nur *der* Komplex einer näheren Betrachtung unterzogen, der sich für die zentrale Leitung und Planung des Reproduktionsprozesses in hochaggregierten Effektivitätsrelationen und Grundproportionen[6] darstellt. Die Fragen auf Betriebs-, Zweig-, Bereichs- und internationaler Ebene im sozialistischen Wirtschaftssystem sowie in ausgewählten Bereichen in vertikaler oder horizontaler Struktur der Volkswirtschaft werden hier nicht betrachtet.

Zum Problemkomplex der Effektivität des Reproduktionsprozesses auf volkswirtschaftlicher Ebene gehört insbesondere die Untersuchung und Lösung folgender Fragen:

- Worin bestehen Wesen und Inhalt der volkswirtschaftlichen Effektivität des Reproduktionsprozesses?
- Welche Faktoren bestimmen die Entwicklung der volkswirtschaftlichen Effektivität?
- Welche Kriterien sind an die Entwicklung der volkswirtschaftlichen Effektivität anzulegen?
- Welche Zusammenhänge bestehen zwischen den Kriterien bzw. Faktoren der volkswirtschaftlichen Effektivität?
- Wie können die qualitativen Prozesse der volkswirtschaftlichen Effektivität erfaßt werden?
- Wie ist die Messung und Analyse der volkswirtschaftlichen Effektivität durchzuführen?

[6] Als Effektivitätsrelationen werden solche synthetischen Effektivitätskennziffern, wie gesellschaftliche Arbeitsproduktivität (Nationaleinkommen je im produzierenden Bereich Beschäftigten), Nationaleinkommen pro Kopf der Bevölkerung, Fondsintensität usw. bezeichnet. Aus dem vielfältigen Gebiet der Grundproportionen werden insbesondere die volkswirtschaftlichen Proportionen des Aufkommens und der Verwendung des Nationaleinkommens einbezogen, wie die Proportionen zwischen Mehrprodukt und notwendigem Produkt sowie zwischen Akkumulation und Konsumtion.

– Welche Mittel und Wege gibt es zur Erhöhung der volkswirtschaftlichen Effektivität?

Die mit der Lösung dieser Fragen verbundenen Probleme sind so komplex und vielfältig, daß zu ihrer Klärung noch umfangreiche Forschungen erforderlich sind. In vorliegender Arbeit wird – aufbauend auf theoretischen Gedanken zum Anwendungsbereich des Begriffs „volkswirtschaftliche Effektivität" – nur der Versuch unternommen, einige Zusammenhänge volkswirtschaftlicher Effektivitätsrelationen und Grundproportionen darzustellen sowie Wachstumsbedingungen dieser Effektivitätsrelationen und Grundproportionen in Zusammenhang mit der Bedürfnisbefriedigung und Intensivierung des Reproduktionsprozesses zu begründen.

Ein wesentlicher Gesichtspunkt der Effektivitätsproblematik besteht unter sozialistischen Bedingungen darin, daß die volkswirtschaftlichen und darüber hinaus die gesellschaftlichen Zusammenhänge und Verflechtungen beachtet und die daraus entstehenden Vorteile genutzt werden. Somit steht nicht die maximale Erhöhung der Effektivität einzelner, gesonderter Bereiche der Volkswirtschaft im Mittelpunkt, sondern es ist letzten Endes die Effektivitätserhöhung der Volkswirtschaft als Ganzes zur Erfüllung gesellschaftlicher Ziele ausschlaggebend für alle Entscheidungen und Aktionen. Deshalb nehmen die Prozesse der Strukturgestaltung der Bedürfnisse und der Produktion mit ihren Auswirkungen auf volkswirtschaftliche Proportionen wie auch die Organisation der gesellschaftlichen Arbeit einen großen Raum in der volkswirtschaftlichen Effektivitätsproblematik ein. Die Fragen der Effektivität aus volkswirtschaftlicher Sicht sind insbesondere für die Prognostizierung und langfristige Planung zukünftiger Prozesse der Produktion und der Entwicklung der Gesellschaft von Bedeutung. Eine wichtige Rolle spielt hierbei die Dialektik der Erfüllung gegenwärtiger und zukünftiger Bedürfnisse. Eine Weiterentwicklung der theoretischen Grundfragen der Effektivität umfaßt deshalb auch die Klärung des Inhalts, des Umfangs und der Struktur spezifisch sozialistischer Bedürfnisse oder Bedürfniskomplexe, wie sie sich in der Zukunft entwickeln werden.

Heute geht die Effektivitätsproblematik immer mehr über den engen volkswirtschaftlichen Rahmen hinaus und erstreckt sich auch auf die neuen Probleme der ökonomischen Integration der sozialistischen Länder. Die umfassende Nutzung der Vorteile der internationalen sozialistischen Arbeitsteilung trägt wesentlich zur Erhöhung der volkswirtschaftlichen Effektivität bei. Die speziellen Fragen der Einbeziehung der Außenwirtschaft in das System der Effektivitätskriterien und erst recht die noch nicht ausreichend erforschten Probleme der sozialistischen Wirtschaftsintegration konnten an dieser Stelle noch nicht berücksichtigt werden.

Bei der Darstellung der Effektivitätsproblematik auf volkswirtschaftlicher Ebene wird in vorliegender Arbeit besonderes Gewicht auf den produzierenden Bereich[7] und seine Wechselbeziehungen zu anderen Bereichen der Volkswirtschaft gelegt. Die innerhalb des nichtproduzierenden Bereichs auftretenden spezifischen Fragen der Effektivität können aber nicht näher berücksichtigt werden.

Es ist schon eine beträchtliche Anzahl theoretischer Ausarbeitungen und praktischer Analysen zur Effektivität des Reproduktionsprozesses, zur Effektivität auf Bereichs-, Zweig- und Betriebsebene sowie zur zweifellos zu den Kernproblemen gehörenden Effektivität der Investitionen vorgelegt worden. Aus volkswirtschaftlicher Sicht wurden vor allem einzelne Kriterien der Effektivität wie Arbeitsproduktivität, Fondsintensität, Materialintensität und andere auf ihre theoretischen Grundlagen, Aussagefähigkeit und Anwendungsmöglichkeiten hin überprüft. Hierbei zeigten sich Schwierigkeiten bei der Quantifizierung der Kriterien, bei der Verbindung von Bestand und laufenden Aufwendungen, bei der ökonomischen Bewertung einzelner Faktoren der Effektivität usw. Aus dem Bemühen zur Überwinwindung dieser Schwierigkeiten resultieren Versuche, neue Kriterien bzw. Kennziffern zu konstruieren, die die gebräuchlichen Kriterien verfeinern, ergänzen oder zusammenfassen und damit eine bessere Einschätzung der volkswirtschaftlichen Effektivitätsentwicklung ermöglichen sollen. In jüngster Zeit setzt sich immer mehr die Auffassung durch, daß sowohl einzelne synthetische Kennziffern wie Arbeitsproduktivität, Fondsintensität und Materialintensität, für sich genommen, als auch komplexe synthetische Kennziffern, die Bestand und Aufwand zusammenfassen, für eine notwendige umfassende Analyse und Planung der volkswirtschaftlichen Effektivität nicht mehr ausreichen. Der Schwerpunkt der weiteren Arbeit verlagert sich nunmehr auf die Erforschung der komplexen Zusammenhänge von Effektivitätskriterien. Für zusammenfassende Einschätzungen aus volkswirtschaftlicher Sicht muß ein System von Effektivitätskriterien die bisher gebräuchlichen synthetischen Effektivitätsrelationen umfassen, jedoch unter Beachtung ihrer wechselseitigen Abhängigkeiten. Die Entwicklung hat aber gezeigt, daß die Aussagen dieser Effektivitätsrelationen unbedingt durch eine Untersuchung von grundlegenden Aufkommens- und Verwendungsproportionen des Nationaleinkommens zu ergänzen sind, weil die Proportionalität eine wesentliche Grundlage der Effektivitätsentwicklung

[7] Die beiden großen Bereiche der gesellschaftlichen Arbeit werden analog zu der in ihnen verausgabten produktiven und nichtproduktiven Arbeit in vorliegender Schrift als produzierender und nichtproduzierender Bereich bezeichnet. Der Begriff „produzierender Bereich" wird hierbei als Synonym des auch gebräuchlichen Begriffs „Bereich der materiellen Produktion" aufgefaßt.

bildet. Hierbei kommt es darauf an, die Proportionen entsprechend der Entwicklung der Bedürfnisse im Prozeß der Intensivierung der Volkswirtschaft zu gestalten.

Das zentrale Problem der Arbeit besteht in der Untersuchung von Ansätzen für ein praktikables System von Effektivitätskriterien auf volkswirtschaftlicher Ebene, das sich aus Effektivitätsrelationen und Grundproportionen zusammensetzt und sich auf die in der Planung und Statistik angewandten Kennziffern stützt. Dabei wurde zuerst Wert darauf gelegt, allgemeine qualitative Zusammenhänge und Wechselwirkungen zwischen den Elementen, die verschiedene Seiten der Effektivität charakterisieren, sowie ihre notwendigen Wachstumsrelationen darzustellen. Das erfordert, zunächst etwas näher auf die theoretischen Grundlagen eines solchen Systems einzugehen, die den Inhalt der volkswirtschaftlichen Effektivität des Reproduktionsprozesses und die effektivitätsbestimmenden Prozesse umfassen. Deshalb werden die Auffassungen hierzu der Untersuchung der eigentlichen komplexen Zusammenhänge vorangestellt. Aus diesen Überlegungen ergeben sich folgende Hauptabschnitte der Arbeit:

Im *ersten Kapitel* wird die Auffassung zum Wesen und Inhalt der Effektivität des sozialistischen Reproduktionsprozesses dargelegt. Hierbei wird als wesentliches Problem die Dialektik zwischen der Effektivität des Reproduktionsprozesses und den Zielen der sozialistischen Gesellschaft angesehen, deren Erfüllung auch in der Entwicklung des Nationalreichtums und des Mehrprodukts zum Ausdruck kommt.

Darauf aufbauend erfolgt im *zweiten Kapitel* eine Auseinandersetzung mit Problemen eines Systems synthetischer Effektivitätskriterien auf volkswirtschaftlicher Ebene, in dem versucht wird, bestimmte Zusammenhänge von Effektivitätsrelationen und Grundproportionen zu erfassen. Kernstück dieses Kapitels bildet die Darstellung von Entwicklungstendenzen einzelner Kriterien aufgrund einer Analyse der verursachenden Faktoren, um danach die wesentlichen Verbindungen und Abhängigkeiten dieser Effektivitätsrelationen und Grundproportionen in Form von Wachstumsrelationen zeigen zu können, durch deren planmäßige Beherrschung eine proportionale Entwicklung der Volkswirtschaft entsprechend den gesellschaftlichen Bedürfnissen gewährleistet werden kann.

Im *dritten Kapitel* werden einige Ergebnisse aus der Anwendung dieses Systems synthetischer Effektivitätskriterien zur Analyse des Reproduktionsprozesses der DDR im Zeitraum von 1955 bis 1970 kurz umrissen. Dabei wird nicht bezweckt, eine Effektivitätseinschätzung der Entwicklung in der DDR vorzunehmen, es soll nur auf einige Aspekte der praktischen Anwendbarkeit eines Systems volkswirtschaftlicher Effektivitätskriterien hingewiesen werden.

1. Zu einigen Problemen der volkswirtschaftlichen Effektivität des sozialistischen Reproduktionsprozesses

Bei der planmäßigen Gestaltung des sozialistischen Reproduktionsprozesses in seiner ganzen Kompliziertheit wird es immer schwieriger, die mit der Effektivität verbundenen Prozesse und Erscheinungen qualitativ und quantitativ zu überschauen und zu bestimmen. Deshalb kommt der Frage nach dem Inhalt der Effektivität des Reproduktionsprozesses eine wachsende Bedeutung zu. Für Untersuchungen zu Problemen der Effektivität erweist es sich aufgrund des weiten Rahmens, in dem der Begriff gebraucht werden kann, als notwendig, den Inhalt der Effektivität abzugrenzen sowie ihren Zusammenhang mit dem Ziel der sozialistischen Gesellschaft herauszuarbeiten und Kriterien ihrer Einschätzung zu finden.

1.1. Zur Entwicklung und zum Inhalt des Effektivitätsbegriffs

1.1.1. Zur Entwicklung des Effektivitätsbegriffs

Der Begriff „Nutzeffekt" oder „Effektivität" wird in den verschiedensten Bereichen des Wissens (Naturwissenschaft, Technik, Ökonomie und andere mehr) verwendet und ist ein Synonym für Wirkungsgrad; „effektiv" bedeutet allgemein nicht anderes als „tatsächlich" oder „wirksam". Auf den gesellschaftlichen Reproduktionsprozeß angewendet handelt es sich um den Wirkungsgrad der lebendigen und vergegenständlichten Arbeit. Dieser nimmt mit dem Fortschritt von einer Produktionsweise zu einer anderen, höherentwickelten zu. Jedoch kann die Wirkungsweise der Arbeitskraft und der Produktionsmittel im Arbeitsprozeß nicht isoliert betrachtet werden. Der Stand der Produktivkräfte schließt in dialektischer Wechselbeziehung mit den Produktionsverhältnissen auch bestimmte Zielsetzungen der gesellschaftlichen Entwicklung ein. Entscheidend ist, zu welchem Zweck und mit welchem Ziel die gesellschaftliche Arbeit im Reproduktionsprozeß eingesetzt wird. Dieses Ziel ist von der jeweils herrschenden Produktionsweise abhängig. Im *Kapitalismus* dient die Produktion dem Ziel, Mehrwert zu erzeugen. Deshalb sind Effektivitätsbetrachtungen diesem Ziel untergeordnet, und der Gebrauchswert ist nur Mittel zum Zweck der

Kapitalverwertung. Im *Sozialismus* ist der Reproduktionsprozeß unmittelbar von der Entwicklung gesellschaftlicher Bedürfnisse abhängig, damit tritt der Gebrauchswert in den Vordergrund. Der Wert ist Ausdruck des Aufwands an gesellschaftlich notwendiger Arbeit zur Herstellung von Gebrauchswerten und hat dabei eine von den gesellschaftlichen Bedürfnissen bestimmte Struktur der Gebrauchswerte zur Grundlage.

Die Entwicklung der sozialistischen Produktionsweise und die Herausbildung der ökonomischen Gesetze des Sozialismus ist ein sich über einen relativ langen Zeitraum erstreckender Prozeß. In Verbindung damit entwickeln und verändern sich mit den historischen Bedingungen, die eine immer bessere Bedürfnisbefriedigung und einen höheren Wirkungsgrad der gesellschaftlichen Arbeit ermöglichen, die inhaltlichen Probleme der volkswirtschaftlichen Effektivität sowie die daraus abzuleitenden Aufgaben zur Erhöhung der Effektivität.

Fragen der Effektivität nehmen immer einen wichtigen Platz in den Beschlüssen von Partei und Regierung ein. In der ersten Etappe der Entwicklung des Sozialismus ergaben sich andere Aufgaben zur Effektivitätserhöhung des Reproduktionsprozesses als heute. Es mußten zunächst die durch Kriegszerstörungen und durch die imperialistische Spaltung hervorgerufenen Disproportionen in der Wirtschaft beseitigt werden. Diese Aufgabe wurde durch den Wirtschaftskrieg der Imperialisten bei offener Staatsgrenze erschwert. Der vorhandene geringe Akkumulationsfonds erforderte eine Konzentration auf die Schwerindustrie, in der ersten Phase besonders auf die Kohle-, Eisen-, Stahl- und Energieproduktion. Um durch den Wiederaufbau der Volkswirtschaft die Voraussetzungen für eine systematische Erhöhung des Lebensstandards zu schaffen, mußte in dieser Periode zunächst ein relativ hoher volkswirtschaftlicher Aufwand in Kauf genommen werden.

Anfang der fünfziger Jahre wurden durch die Einführung der wirtschaftlichen Rechnungsführung der Gewinn und die Erhöhung der Rentabilität der Betriebe sowie die materielle Interessiertheit der Werktätigen in den Vordergrund der Wirtschaftstätigkeit gerückt. Gleichzeitig wurde die Rolle von Wissenschaft und Technik bei der Steigerung der Arbeitsproduktivität herausgearbeitet.

Als Anfang der sechziger Jahre die sozialistischen Produktionsverhältnisse in den entscheidenden Bereichen der Wirtschaft gesiegt hatten und der Störtätigkeit des Imperialismus durch Schließung der Staatsgrenze Einhalt geboten wurde, waren die wichtigsten Bedingungen für eine volle Durchsetzung der ökonomischen Gesetze des Sozialismus geschaffen. Damit waren auch die Voraussetzungen gegeben, die Wirtschaftstätigkeit der Betriebe und Verwaltungen stärker auf die Erhöhung der volkswirtschaftlichen Effektivität insgesamt auszurichten.

In der weiteren Etappe des sozialistischen Aufbaus wird die entwickelte sozialistische Gesellschaft gestaltet und die materielle Basis der zweiten Phase des Kommunismus vorbereitet. Dabei geht es vor allem um die bewußte, planmäßige Ausnutzung der ökonomischen Gesetze im Interesse der sozialistischen Gesellschaft unter Führung der Partei der Arbeiterklasse. Der erreichte Entwicklungsstand findet in der größtmöglichen Erhöhung der Effektivität der gesamten sozialistischen Volkswirtschaft einen umfassenden Ausdruck. Die Wirtschaftskraft der DDR hat eine solche Stärke erreicht, daß die vorhandenen Kräfte und Mittel immer mehr vom Standpunkt höchster volkswirtschaftlicher Effektivität eingesetzt werden können und müssen. *W. Stoph* gibt hierzu folgende Einschätzung: „Die Ausnutzung der ökonomischen Gesetze des Sozialismus erfordert, bei jeder Aufgabe Aufwand und Nutzen zu berechnen, zu kalkulieren und zu vergleichen."[1]

Die herangereiften Produktionsverhältnisse und sich entwickelnden Produktivkräfte erfordern immer zwingender, alle Aufgaben und Maßnahmen der gesellschaftlichen und ökonomischen Tätigkeit auf höchste volkswirtschaftliche Effektivität auszurichten.

Jetzt kommt es darauf an, die Methoden zur Erhöhung der volkswirtschaftlichen Effektivität voll zu entfalten. Hierzu bildet eine wichtige Voraussetzung, Klarheit über Begriff und Inhalt der volkswirtschaftlichen Effektivität zu schaffen und auf dieser Basis ein System von Kriterien auszuarbeiten, das eine Beurteilung des Niveaus und der Entwicklung der erreichten, geplanten und prognostizierten Effektivität sowie die Auswahl effektivster Varianten ermöglicht.

1.1.2. Zu einigen Auffassungen über die volkswirtschaftliche Effektivität des sozialistischen Reproduktionsprozesses

Über den Inhalt der Prozesse, die durch die Begriffe „Effektivität" beziehungsweise „Nutzeffekt" umrissen werden, gibt es in der ökonomischen Literatur sehr unterschiedliche Vorstellungen. Die Begriffe werden auf verschiedene Gebiete bezogen, und oftmals werden sie sogar verwendet, ohne zu erklären, was darunter verstanden wird.

An den einzelnen Auffassungen ist von besonderem Interesse, wie eng oder wie weit der Begriff der Effektivität gefaßt wird, das heißt, welche Bereiche der Volkswirtschaft, der gesellschaftlichen Arbeit erfaßt werden oder in welchem Umfang der Aufwand und die Bedürfnisbefriedigung mit

[1] W. Stoph, Bericht zur Direktive des VIII. Parteitages . . ., a. a. O., S. 31

einbezogen werden. Das Wirken der ökonomischen Gesetze bildet die Grundlage für die Entwicklung aller Bereiche des gesellschaftlichen Lebens. Wissenschaft und Bildung erhalten eine immer stärkere Bedeutung für die Entwicklung sozialistischer Persönlichkeiten und die Dynamik des Produktionsprozesses. Hieraus ergibt sich die Notwendigkeit, den Effektivitätsbegriff auf immer weitere Gebiete der gesellschaftlichen Tätigkeit der Menschen auszudehnen. Trotzdem muß die Effektivität des sozialistischen Reproduktionsprozesses genau von anderen Prozessen und Erscheinungen des gesellschaftlichen Lebens abgegrenzt werden (das betrifft besonders die Entwicklung des Überbaus), um nicht letzten Endes in nicht faßbaren Konturen zu verschwimmen.

Von einzelnen Autoren werden unterschiedliche Seiten der Effektivität besonders hervorgehoben. Eine Betonung des *quantitativen* Aspekts der Effektivität findet sich bei *W. Marschall*, der sie als „Maß der Durchsetzung des Gesetzes der Ökonomie der Zeit"[2] bezeichnet. *N. P. Fedorenko/P. G. Buničl/S. S. Šatalin* verstehen vom Standpunkt der Optimalplanung aus unter Effektivität nichts anderes als Optimalität und stellen somit auch die quantitative Seite in den Vordergrund. Sie schreiben: „Wir betrachten die Volkswirtschaft als ein kompliziertes System, das in seiner Entwicklung ein bestimmtes Ziel hat. Dieses Ziel wird quantitativ ausgedrückt durch Optimalitätskriterien, die die Forderungen des ökonomischen Grundgesetzes des Sozialismus, die Maximierung des Lebensniveaus des Volkes in jeder Planungsperiode ausdrücken ..."[3] „In diesem Sinne sind die Kategorien der Optimalität und Effektivität von gleicher Bedeutung."[4] Diese Auffassung besagt, daß der Begriff „Effektivität" nur auf formalisierbare Erscheinungen und Prozesse der Wirtschaft angewendet werden kann, die schon gewisse Bewertungen als Voraussetzung haben, und Aufwand und Ergebnis somit nur in sehr vereinfachter Weise dargestellt werden können. Wichtige Entscheidungen auf volkswirtschaftlicher Ebene können aber im allgemeinen nicht nur auf quantifizierbare Größen zurückgreifen.

V. A. Švandar faßt die Effektivität zwar als einen „der allgemeinsten Begriffe der ökonomischen Theorie"[5] auf, vermengt jedoch die Frage nach ihrem Inhalt mit ihrer Darstellung in quantitativen Parametern. Aber die

[2] W. Marschall, Zum System der Effektivitätskriterien, in: Probleme der politischen Ökonomie, Bd. 12, Berlin 1969, S. 169

[3] N. P. Fedorenko/P. G. Bunitsch/S. S. Schatalin, Effektivität in der sozialistischen Wirtschaft, Berlin 1972, S. 55

[4] Ebenda, S. 96

[5] V. A. Švandar, Effektivität der gesellschaftlichen Produktion und relative Dynamik des Nationaleinkommens, in: Vestnik Moskovskogo universiteta, Nr. 5/1968, S. 3

Effektivität ist immer als *Einheit qualitativer* und *quantitativer Seiten* der vor sich gehenden Prozesse zu betrachten. Erst wenn Klarheit über den Inhalt vorhanden ist, kann zur Quantifizierung übergegangen werden.

Die Frage nach der Einbeziehung der gesamten gesellschaftlichen oder nur der produktiven Arbeit in die Effektivitätsbetrachtung beantwortet *B. P. Plyševskij* folgendermaßen: „Die Effektivität der Volkswirtschaft zeigt sich darin, welche Resultate die Volkswirtschaft je Rubel der Mittel erhält, die für die Entwicklung der *Produktion* (hervorgehoben von R. S.) aufgewendet werden."[6] Bei *H. Koziolek* wird ebenfalls nur der *produktive* Gesamtarbeiter bei der Effektivitätsbestimmung erwähnt.[7] Auch wenn hierin die produktiven Bereiche der Wissenschaft mit einbezogen werden, bleibt die Frage offen, wie beispielsweise der Beitrag der Bildung aufgefaßt wird, die eine immer stärkere Bedeutung sowohl für die Zielrealisierung als auch zur Entwicklung der Produktion erhält und somit die Effektivität wesentlich mit bestimmt.

Im Unterschied zu *Plyševskij* und *Koziolek* beziehen *G. Langendorf/E. Drechsel/H. Kriedemann/J. Wartenberg* den *gesellschaftlichen Gesamtarbeiter* in die Effektivitätsproblematik ein, indem sie schreiben, daß die Effektivität des gesellschaftlichen Gesamtarbeiters sowohl durch die Effektivität der produktiven Arbeit in den materiellen Bereichen als auch durch den rationellen Einsatz der notwendigen und nützlichen Arbeit in dem nichtmateriellen Bereich der Volkswirtschaft bestimmt wird.[8] Diese Konzeption wird eingeschränkt in bezug auf den Aspekt der Bedürfnisbefriedigung durch ein bestimmtes Ergebnis, das nur durch eine solche Größe charakterisiert wird, die die Entwicklung des *stofflichen* Reichtums, des Umfangs an Gebrauchswerten zum Ausdruck bringt.[9] Diese Aussage steht im Widerspruch zu der von den Autoren in ihrer Effektivitätsdefinition getroffenen Aussage über ein zu erreichendes hohes Maß an Bedürfnisbefriedigung.[10] Dies kann selbstverständlich immer weniger nur an der Entwicklung des *stofflichen* Reichtums gemessen werden. Schon im Aufkommen

[6] B. P. Plyševskij, Ekonomičeskij rost i effektivnost, Moskau 1968, S. 36

[7] H. Koziolek, Probleme der politischen Ökonomie des Sozialismus und der Leitung der Wirtschaft in Lenins Werken, in: Wirtschaftswissenschaft, H. 4/1970, S. 502

[8] G. Langendorf/E. Drechsel/H. Kriedemann/J. Wartenberg, Der Zusammenhang zwischen der Entwicklung der Effektivität und der Produktionsfonds im sozialistischen Reproduktionsprozeß unter den Bedingungen der wissenschaftlich-technischen Revolution, Institut für Gesellschaftswissenschaften beim ZK der SED, Berlin 1970, S. 21

[9] Ebenda, S. 17

[10] Ebenda, S. 16

des Nationaleinkommens sind materielle *Dienstleistungen* enthalten, und seine Verwendung wird sich in immer stärkerem Maße auf die Befriedigung geistiger Bedürfnisse durch Leistungen richten. Hier wird von den Autoren die allgemeine Aussage über den Inhalt der Effektivität unzutreffend mit dem Problem gleichgesetzt, daß heute noch wenig Möglichkeiten bestehen, um die Befriedigung geistiger Bedürfnisse durch Leistungen der in den nichtproduzierenden Bereichen Beschäftigten umfassend quantitativ zu ermitteln.

Neben den auf einzelne Gebiete (des Aufwandes, des Ergebnisses und so weiter) begrenzten Auffassungen bestehen Meinungen, die den Inhalt der Effektivität in einem weiten Rahmen abstecken, wie das unseres Erachtens auch die objektiven Prozesse erfordern. Hierbei entstehen jedoch schwierige Fragen der Messung der Effektivität. Je mehr nichtproduzierende Bereiche in die Effektivitätsermittlung eingehen, um so schwieriger wird es, neben der qualitativen auch die quantitative Seite der Prozesse zu erfassen.

V. K. Poltorygin bezieht gegenüber einigen weiter oben genannten Autoren auch die Konsumtion in die Effektivitätsproblematik ein und definiert außerdem, daß die Effektivität bestimmt wird „durch den gesamten Aufwand an gesellschaftlicher Arbeit".[11]

Auch *V. N. Sergievskij* faßt den Begriff schon ziemlich weit, wenn er schreibt: „Das umfassendste Kriterium der Effektivität der sozialistischen gesellschaftlichen Produktion ist die Schaffung der Voraussetzungen und Bedingungen, die die höchstmögliche Befriedigung der gesellschaftlichen Bedürfnisse bei geringstem Aufwand gewährleisten."[12] Er ist ferner der Meinung, daß mit dem Wachstum der Effektivität auch der Anteil der nichtproduktiven Leistungen am Endprodukt wächst.[13]

In ihrem Buch „Gesetzmäßigkeiten des Wachstums der Effektivität der Produktion in der UdSSR" bezeichnen *E. F. Borisov/I. A. Tichonov* das im Programm der KPdSU definierte Gesetz des Wirtschaftsaufbaus – die Erreichung größter Resultate bei geringsten Aufwendungen im Interesse der Gesellschaft – als *Gesetz der steigenden Effektivität*, das den Ursache-Folge-Zusammenhang zwischen den Arbeitsaufwendungen und den erreichten Resultaten ausdrückt.[14] In einem später erschienenen Artikel hebt *E. F. Borisov* noch besonders hervor, daß auch die Arbeit und die materiellen

[11] V. K. Poltorygin, Ekonomičeskie metody rasčeta effektivnosti proizvodstva, Moskau 1968, S. 5

[12] V. N. Sergievskij, Problemy optimal'nogo sootnosenija proizvodstva i potreblenija v SSSR, Moskau 1968, S. 95

[13] Ebenda, S. 95

[14] E. F. Borisov/I. A. Tichonov, Zakonomernosti rosta effektivnosti proizvodstva v SSSR, Moskau 1968, S. 24

Mittel für die Entwicklung der Forschungsaufgaben, für die Ausbildung neuer Facharbeiter und Spezialisten sowie für die Erhöhung des kulturell-technischen Niveaus der Werktätigen als wichtige Faktoren bei der Effektivitätserhöhung wirksam werden.[15]

Auf die allgemeine Bedeutung des Nutzeffekts der gesellschaftlichen Arbeit weist besonders *V. V. Novožilov* hin. Er schreibt: „Der Nutzeffekt der gesellschaftlichen Arbeit ist einer der allgemeinsten Begriffe der Ökonomik. Aber eben deshalb ist er so schwer zu definieren."[16] Er bemerkt weiterhin, daß „der volkswirtschaftliche Effekt der Arbeit ... sich nicht in der Produktion (erschöpft)"[17], denn beispielsweise erhöht der Bau eines Betriebes in einem rückständigen Gebiet das kulturelle Niveau der Bevölkerung, oder es festigt eine bestimmte technologische Variante, die eine Anpassung an die Verteidungungsbedürfnisse erleichtert, die Verteidigungsbereitschaft.

Zusammenfassend stellt V. V. Novožilov fest: „Der volkswirtschaftliche Effekt der Aufwendungen besteht ... nicht nur in der Deckung eines materiellen Bedarfs, sondern auch in der Erfüllung anderer Aufgaben des sozialistischen Staates."[18]

G. Ebert/G. Koch/F. Matho/H. Milke betrachten die Effektivität ebenfalls sehr umfassend als „Effektivität des Systems ökonomischer Gesetze" und als „Effektivität des ökonomischen Systems des Sozialismus".[19] Sie schreiben: „Der objektive Maßstab, mit dem der Grad der Beherrschung des Systems der ökonomischen Gesetze durch die sozialistische Gesellschaft gemessen wird, ist die langfristige Tendenz der Effektivität der Volkswirtschaft ... Die Anforderungen an den Effektivitätszuwachs werden durch das Ziel der sozialistischen Produktion, die objektiven und subjektiven Bedingungen für seine Verwirklichung in einem bestimmten Zeitraum sowie durch die politische, ökonomische und militärische Auseinandersetzung mit dem Imperialismus bestimmt."[20]

Hier wird also die umfassende Bedeutung der Effektivität und ihr Zusammenhang zu allen ökonomischen Gesetzen ausdrücklich betont. Diese

[15] Vgl. E. F. Borisow, Die Effektivität der sozialistischen Produktion unter den Bedingungen der wissenschaftlich-technischen Revolution, Teil I, in: Presse der Sowjetunion, Nr. 112 v. 25. 9. 72, Beilage S. 4

[16] W. W. Nowoshilow, Die Messung der Aufwendungen und ihrer Ergebnisse in der sozialistischen Wirtschaft, in: W. S. Nemtschinow, Anwendung mathematischer Methoden in der Ökonomie, Leipzig 1963, S. 50

[17] Ebenda, S. 50 [18] Ebenda, S. 51

[19] G. Ebert/G. Koch/F. Matho/H. Milke, Ökonomische Gesetze im gesellschaftlichen System des Sozialismus, Berlin 1969, S. 21

[20] Ebenda, S. 231

Auffassung wird allerdings wieder eingeschränkt, wenn das „Gesetz der wachsenden. Effektivität der Volkswirtschaft" mit dem Wachstum des Nationaleinkommens gleichgesetzt wird.[21] Die Wirkung der ökonomischen Gesetze geht über das Wachstum des Nationaleinkommens hinaus. Auch wenn das Nationaleinkommen durch andere Kriterien ergänzt wird, die den Aufwand für die Steigerung des Nationaleinkommens mit einbeziehen, genügt es nicht. Als Maßstab für den Grad der Beherrschung der ökonomischen Gesetze dient die allseitige Erfüllung des im ökonomischen Grundgesetz enthaltenen objektiven Ziels der sozialistischen Gesellschaft.

Eine Möglichkeit zur *Abgrenzung* der verschiedenen Aspekte des Ziels der sozialistischen Gesellschaft und der damit verbundenen ökonomischen und gesellschaftlichen Prozesse besteht darin, verschiedene Arten oder Formen der Effektivität zu unterscheiden. Diesen Weg beschreiten *O. Kratsch* und *G. Richter*, indem sie zwischen *„gesellschaftlicher Effektivität"*, die „auf die vielseitigen Bedürfnisse allseitig sich entwickelnder Persönlichkeiten bezogen" ist, und *„Effektivität der materiellen Produktion"* als „Kernstück der gesellschaftlichen Effektivität"[22] differenzieren.

Auch bei *L. A. Kostin* gibt es mehrere Arten von Effektivität. Die *„Effektivität der Produktion"* wird durch das Verhältnis der ökonomischen Resultate zum Arbeitsaufwand und zu den Produktionsmitteln in der materiellen Produktion dargestellt. Die *„ökonomische Effektivität der Arbeit"* umfaßt die ökonomischen Resultate im Verhältnis zum Arbeitsaufwand in allen Sphären der Arbeitstätigkeit der Menschen (Produktionssphäre, Dienstleistungssphäre, Hauswirtschaft). Die *„Effektivität der Arbeit"* beinhaltet neben den ökonomischen Resultaten auch soziale und politische Aspekte.[23] *P. J. Oktjabrskij* unterscheidet deshalb zwischen *„Effektivität der Produktion"* und *„Effektivität der gesellschaftlichen Reproduktion"*, die die vier Phasen des Prozesses umfaßt.[24] Diese Trennung birgt jedoch die Gefahr in sich, daß der Prozeß der allseitigen Wirkung der ökonomischen Gesetze schematisch getrennt und der komplexe Charakter nicht genügend berücksichtigt wird. Es sollte nicht zusätzlich zur Effektivität der Produktion die Effektivität des Reproduktionsprozesses untersucht werden, sondern die Effektivität der Produktion ist als ein untrennbarer Bestand-

21 Vgl. ebenda, S. 94

22 Vgl. O. Kratsch/G. Richter, Arbeitsproduktivität und Effektivität zum Wohle der Menschen, in: Einheit H. 12/1972, S. 1607

23 L. A. Kostin, Povyšenie effektivnosti truda v novych uslovijach chozjajstvovanija, Moskau 1971, S. 7/8 und 15

24 Vgl. P. J. Oktjabrskij, Die Effektivität der gesellschaftlichen Produktion (Wesen, Kriterien, Kennziffern), in: Vestnik Leningradskogo universiteta; Ökonomie, Philosophie, Recht, H. 11/1969, S. 9

teil der Effektivität des Reproduktionsprozesses aufzufassen. Die Produktion als materielle Grundlage zur Entwicklung der Gesellschaft kann trotzdem die ihr zustehende Gewichtung erhalten.

Alle diese Auffassungen lassen erkennen, daß die Effektivität nicht allein auf die materielle Produktion beschränkt werden kann, wenn hierbei die Erfüllung der ökonomischen und gesellschaftlichen Ziele des Sozialismus allseitig berücksichtigt werden soll.

Eine *umfassende Darstellung* der Effektivität findet sich im „Lehrbuch Politische Ökonomie Sozialismus". Hier werden im Unterschied zu obengenannten Auffassungen sowohl von der Aufwands- als auch von der Ergebnisseite her die allgemeinsten Aspekte der Effektivität einbezogen: „Bei gegebenen gesellschaftlichen Ressourcen stellt jede Vergrößerung des gesellschaftlichen Produktes, mit der eine Erhöhung des Wohlstandes der Mitglieder der Gesellschaft einhergeht, eine Steigerung der Effektivität der gesellschaftlichen sozialistischen Produktion dar. Hierin besteht das spezifisch sozialistische Kriterium der Effektivität der Produktion. Es ist also nicht nur von der Vergrößerung des Produktes bei gegebenem Aufwand gekennzeichnet, sondern auch von der unbedingten Erhöhung des Wohlstandes der Mitglieder der sozialistischen Gesellschaft."[25] Wie alle Elemente dieser Bestimmung auf einen zahlenmäßigen Ausdruck bezogen werden können, sei jedoch ein Problem für sich, das noch diskutiert wird.[26] Dieser Standpunkt bildet eine allgemeine Grundlage zur Bestimmung von Inhalt und Wesen des volkswirtschaftlichen Effektivitätsbegriffs.

1.1.3. Zu den Hauptkomponenten der Effektivität und zum Anwendungsbereich volkswirtschaftlicher Effektivitätskriterien

Es ist eine allgemeine Gesetzmäßigkeit des Gesamtablaufs der sozialistischen Reproduktion, daß dieser Prozeß in der Tendenz mit einer immer höheren Effektivität vor sich geht, die in der Erhöhung des Volkswohlstandes und in einem hohen Tempo des Wirtschaftswachtums zum Ausdruck kommt. Die Effektivität des Reproduktionsprozesses ist organisch mit dem Wirken der ökonomischen Gesetze des Sozialismus verbunden, deren komplexer Charakter eine umfassende Anwendung des Effektivitätsbegriffs erfordert.

Besonders die allseitige Befriedigung der wachsenden Bedürfnisse wird immer mehr zu einem untrennbaren Bestandteil der Effektivität. Denn

[25] Autorenkollektiv, Leitung N. A. Zagalow, Lehrbuch Politische Ökonomie Sozialismus, Berlin 1972, S. 213f.

[26] Ebenda, S. 213

„mit der weiteren Entwicklung der sozialistischen Gesellschaft und ihrer ökonomischen Potenzen kann und muß dieser gesetzmäßige Zusammenhang zwischen Produktion und Bedürfnissen der Menschen immer unmittelbarer wirksam werden."[27]

Die an die Erhöhung der Effektivität gestellten Anforderungen sowie deren Zweck und Ziel ergeben sich aus dem *ökonomischen Grundgesetz des Sozialismus* (*Kommunismus*), das eine planmäßige Produktion „auf Rechnung der *gesamten* Gesellschaft ... zur Sicherung der *höchsten* Wohlfahrt und der freien *allseitigen* Entwicklung *aller* Mitglieder der Gesellschaft"[28] erfordert. Die in diesem Gesetz zum Ausdruck kommenden Grundbeziehungen der ökonomischen Entwicklung der sozialistischen (kommunistischen) Gesellschaft werden um so schneller und um so besser verwirklicht werden, je vollständiger die gesellschaftliche Arbeit in allen Sphären und Bereichen zur Wirkung gebracht wird; hieraus ergibt sich zusammengefaßt die Forderung nach einer hohen und ständig steigenden Effektivität.

Die Erfüllung der sich aus dem Grundgesetz ergebenden Anforderungen ist eng mit der „planmäßige(n) Verteilung der Arbeitszeit auf die verschiednen Zweige der Produktion"[29] verbunden. Das *Gesetz der planmäßigen proportionalen Entwicklung* der Volkswirtschaft bringt die Notwendigkeit zum Ausdruck, im Sozialismus die Proportionalität der gesellschaftlichen Arbeit planmäßig herzustellen.

Ausgehend von diesen Anforderungen, beruht die wachsende Effektivität auf der Ausnutzung des *Gesetzes der Ökonomie der Zeit* im Sozialismus. *Marx* gibt hierzu folgende Hinweise: „Gemeinschaftliche Produktion vorausgesetzt, bleibt die Zeitbestimmung natürlich wesentlich. Je weniger Zeit die Gesellschaft bedarf, um Weizen, Vieh etc. zu produzieren, desto mehr Zeit gewinnt sie zu andrer Produktion, materieller oder geistiger. Wie bei einem einzelnen Individuum, hängt die Allseitigkeit ihrer Entwicklung, ihres Genusses und ihrer Tätigkeit von Zeitersparung ab. Ökonomie der Zeit, darein löst sich schließlich alle Ökonomie auf ... Ökonomie der Zeit, sowohl wie planmäßige Verteilung der Arbeitszeit auf die verschiednen Zweige der Produktion, bleibt also erstes ökonomisches Gesetz auf der Grundlage der gemeinschaftlichen Produktion. Es wird sogar in viel höherem Grade Gesetz."[30] Marx betrachtet die Ökonomie der Zeit in mehrfacher Hinsicht, als Einsparung von Arbeitszeit zur Entwicklung der Produktivkraft und Vermehrung der freien Zeit, als Vermehrung des Genusses und

[27] E. Honecker, Bericht des Zentralkomitees an den VIII. Parteitag ..., a. a. O., S. 39

[28] W. I. Lenin, Werke, Sechster Band, Berlin 1956, S. 40

[29] K. Marx, Grundrisse der Kritik der politischen Ökonomie, Berlin 1953, S. 89

[30] Ebenda, S. 89

Entwicklung von Fähigkeiten, was wiederum auf die Entwicklung der Produktivkräfte zurückwirkt.[31]

Das Gesetz der Ökonomie der Zeit wirkt in allen Bereichen des gesellschaftlichen Lebens, es betrifft sowohl den Aufwand für Tätigkeiten in der Arbeits- und Freizeit als auch die damit erreichte Befriedigung der Bedürfnisse und Entfaltung sozialistischer Persönlichkeiten. Je geringer dieser Aufwand im Verhältnis zum erreichten Ergebnis, um so höher ist die Effektivität.

Vom ökonomischen Grundgesetz, vom Gesetz der planmäßigen proportionalen Entwicklung und vom Gesetz der Ökonomie der Zeit leiten sich die mit der Effektivität des sozialistischen Reproduktionsprozesses verbundenen Prozesse vor allem ab. Auf die Bedeutung und die Kompliziertheit dieser Ableitung weisen besonders *H. Maier* und *K. Steinitz* hin: „Die Erhöhung der Effektivität des ökonomischen Wachstums wird unter den Bedingungen der wissenschaftlich-technischen Revolution immer mehr zur Kernfrage der sozialistischen Wachstumspolitik. Die Effektivität umfaßt vielfältige, differenzierte Prozesse, . . .“[32] Diese vielfältigen und differenzierten Prozesse münden in zwei untrennbar miteinander verbundene Komponenten ein, in denen sich die Effektivität des sozialistischen Reproduktionsprozesses vor allem widerspiegelt:

erstens in der allseitigen Befriedigung der ständig wachsenden materiellen und geistigen Bedürfnisse der sozialistischen Persönlichkeiten und der sozialistischen Gesellschaft und

zweitens in der Senkung des gesellschaftlichen Gesamtaufwands an lebendiger und vergegenständlichter Arbeit je Erzeugnis- oder Leistungseinheit.

Je geringer der gesellschaftliche Gesamtaufwand im Verhältnis zum Ergebnis ist, um so umfassender können die Bedürfnisse befriedigt werden. Je besser die materiellen und geistigen Bedürfnisse befriedigt werden und sich damit die sozialistischen Persönlichkeiten und die Gesellschaft entwickeln, um so mehr sind die Werktätigen in die Lage versetzt, den Reproduktionsprozeß souverän zu beherrschen und den gesellschaftlichen Gesamtaufwand zu senken.

Beide Komponenten können nicht unmittelbar aufeinander zurückgeführt werden. *Einerseits* ist die Befriedigung bestimmter Bedürfnisse von den vorhandenen beschränkten Ressourcen abhängig und kann mit unterschiedlichem Umfang und unterschiedlicher Struktur der Aufwendungen

[31] Ebenda, S. 599

[32] H. Maier/K. Steinitz, Ziel und Kriterien des ökonomischen Wachstums im Sozialismus, in: H. Maier/ G. Schilling/K. Steinitz, Zu Grundfragen der sozialistischen Wachstumstheorie, Schriftenreihe Planung und Leitung der Volkswirtschaft, H. 28, Berlin 1968, S. 31

verbunden sein. Die Auswahl der zu befriedigenden Bedürfnisse sagt also noch nichts über den dazu erforderlichen Aufwand aus. Hinzu kommt die Betrachtung des Zeitaspekts, die es nicht gestattet, einen hohen Grad an Bedürfnisbefriedigung zu einem gegebenen Zeitpunkt auf Kosten zukünftiger Bedürfnisbefriedigung zu erreichen oder auch umgekehrt. *Andererseits* sind verschiedene Aufwandsvarianten immer auf ein bestimmtes vorgegebenes Ergebnis zu beziehen, da sie sonst nicht verglichen werden können. Im Verhältnis von Aufwand und Ergebnis ist eine dem Ziel des Sozialismus entsprechende Bedürfnisbefriedigung nur der Möglichkeit nach enthalten. Damit diese Möglichkeit zur Wirklichkeit werden kann, ist die Erreichung eines bestimmten Umfangs, einer bestimmten Struktur und einer bestimmten Qualität des Ergebnisses erforderlich. Wird ein bestimmtes Verhältnis von Aufwand zu Ergebnis im volkswirtschaftlichen Gesamtprozeß erreicht, ist damit noch nichts darüber ausgesagt, welchen Grad der Bedürfnisbefriedigung das Ergebnis selbst ermöglicht.

Im Zusammenhang mit dem in der Hauptaufgabe genannten Ziel und den zur Erreichung dieses Ziels einzuschlagenden Wegen der sozialistischen Produktion bemerkt *W. Stoph*: „Je besser wir diesen Zusammenhang zwischen Ziel und Weg beachten, desto wirksamer wird sich die schöpferische Initiative der Arbeiter, der Genossenschaftsbauern, der Intelligenz und aller anderen Werktätigen für die Steigerung der Arbeitsproduktivität, die Senkung der Kosten und die Erhöhung der Qualität der Erzeugnisse entfalten.“[33]

Eine hohe Effektivität des sozialistischen Reproduktionsprozesses findet also ihren Ausdruck in einer größtmöglichen Befriedigung der den sozialistischen Produktionsverhältnissen entsprechenden und das Ziel des Sozialismus bestimmenden materiellen und geistigen Bedürfnisse der sozialistischen Gesellschaft. Das erfordert eine optimale Nutzung der vorhandenen Ressourcen an Arbeitskräften, Produktionsmitteln und Naturreichtümern, die sich unter Anwendung aller durch den wissenschaftlich-technischen Fortschritt gegebenen Möglichkeiten in einem geringstmöglichen Gesamtaufwand an gesellschaftlicher Arbeit im Verhältnis zum Ergebnis niederschlägt. Der Prozeß der Effektivitätssteigerung vollzieht sich unter gegebenen politischen, historischen und natürlichen Bedingungen, mit denen er in enger Wechselbeziehung steht.

Die Effektivität des sozialistischen Reproduktionsprozesses hängt wesentlich von der richtigen Verteilung des der Gesellschaft zur Verfügung stehenden und mit dem Wachstum der Bevölkerung sich vergrößernden Zeitfonds ab. Das betrifft die Aufteilung in Arbeitszeit und arbeitsfreie

[33] W. Stoph, Bericht zur Direktive des VIII. Parteitages . . ., a. a. O., S. 22

Zeit sowie die proportionale Verteilung der gesellschaftlich vorhandenen Arbeitszeit auf die verschiedenen Bereiche und Zweige, in die sich der Reproduktionsprozeß untergliedert. Hiervon leitet sich eine bestimmte Struktur des sozialistischen Reproduktionsprozesses ab. Die strukturelle Gliederung ist um so effektiver, je mehr sie den gesellschaftlichen Bedürfnissen entspricht und eine Senkung der gesellschaftlichen Gesamtarbeitszeit ermöglicht. Zur Frage der Verteilung der gesellschaftlichen Arbeit unter speziell sozialistischen Bedingungen bemerkt *Marx*: „Nur wo die Produktion unter wirklicher vorherbestimmender Kontrolle der Gesellschaft steht, schafft die Gesellschaft den Zusammenhang zwischen dem Umfang der gesellschaftlichen Arbeitszeit, verwandt auf die Produktion bestimmter Artikel, und dem Umfang des durch diese Artikel zu befriedigenden gesellschaftlichen Bedürfnisses."[34]

Die beiden Komponenten der Effektivität sind durch einige Faktoren und Prozesse näher zu bestimmen:

Erstens. Mit den gesellschaftlichen Bedürfnissen sind die gesamten Anforderungen verbunden, die die Entfaltung der sozialistischen Persönlichkeiten und Lebensweise bei der Gestaltung des entwickelten Sozialismus und weiterhin bei der Schaffung der materiell-technischen Basis des Kommunismus hervorrufen. Die dabei auftretenden Bedürfnisse beinhalten alle Aspekte der Festigung der entwickelten sozialistischen Gesellschaft und gehen weit über die ökonomische Sphäre hinaus, obwohl ihre Befriedigung vor allem durch die Produktion gesichert wird. Die gesellschaftlichen Bedürfnisse sind unter einem inneren und einem äußeren Aspekt zu betrachten, die beide untrennbar miteinander verbunden sind. Der äußere Aspekt umfaßt die gesellschaftlichen Bedürfnisse, die sich aus der Veränderung des internationalen Kräfteverhältnisses zugunsten des Sozialismus, in der politischen und militärischen Festigung des sozialistischen Lagers und in der Unterstützung der antiimperialistischen Befreiungsbewegung ergeben.[35] Der innere Aspekt der gesellschaftlichen Bedürfnisse umfaßt die ständig bessere Befriedigung der materiellen und kulturellen Bedürfnisse der Werktätigen, die Entfaltung ihrer Persönlichkeit und ihrer sozialistischen gesellschaftlichen Beziehungen.

Zweitens. Die Senkung des Gesamtarbeitsaufwands wird in der ent-

34 K. Marx, Das Kapital, Dritter Band, in: K. Marx/F. Engels, Werke, (im folgenden: MEW) Bd. 25, Berlin 1964, S. 197

35 Dieser Aspekt wurde als „äußere Seite" des Ziels des entwickelten gesellschaftlichen Systems des Sozialismus herausgearbeitet von: H. Maier/K. Steinitz, Ziel und Kriterien des ökonomischen Wachstums im Sozialismus, in: H. Maier/G. Schilling/K. Steinitz, Zu Grundfragen der sozialistischen Wachstumstheorie, a. a. O., S. 16

wickelten sozialistischen Gesellschaft immer mehr von der Intensivierung des Reproduktionsprozesses bestimmt. Bei der sich entfaltenden wissenschaftlich-technischen Revolution schafft das Eindringen der Wissenschaft in alle Bereiche der Produktion die Voraussetzungen dazu. Im Prozeß der weiteren Vergesellschaftung der Arbeit, durch einen neuen Grad der gesellschaftlichen Arbeitsteilung, Kooperation und Konzentration wird es möglich sein, den Gesamtarbeitsaufwand zur Erreichung eines bestimmten Ergebnisses weiter zu vermindern. Aus diesen Prozessen wird deutlich, daß mit der Entwicklung der sozialistischen Produktion zunehmend *gesamtgesellschaftliche Faktoren* für die Erhöhung der Effektivität ausschlaggebend werden und die volkswirtschaftlichen beziehungsweise gesellschaftlichen Aspekte der Effektivität immmer mehr in den Vordergrund rücken.

Da heute die komplexen volkswirtschaftlichen und gesamtgesellschaftlichen Zusammenhänge für die Effektivitätsbetrachtung entscheidend werden, wird die Klärung der Frage nach der Effektivität der einzelnen Bereiche und ihrem Zusammenhang im sozialistischen Reproduktionsprozeß immer dringlicher. „Die für die Planung unserer Volkswirtschaft verantwortlichen Genossen werden ... vor der Notwendigkeit stehen, die Entwicklung der Bereiche der Volkswirtschaft noch stärker aus ihrem inneren Zusammenhang bei der Lösung der Hauptaufgabe zu bestimmen ..."[36] Hierbei wäre besonders zu berücksichtigen, welche konkreten Bedürfnisse durch einzelne Bereiche der gesellschaftlichen Arbeit zu befriedigen sind und wie die Ergebnisse der Arbeit in diesen Bereichen zur gesamtvolkswirtschaftlichen Effektivität beitragen.

Die Ergebnisse der produktiven Arbeit dienen unter dem Gesichtspunkt einer dauernden Wiederholung des Produktionsprozesses nicht nur der Befriedigung sich ständig entwickelnder Bedürfnisse, sondern gleichermaßen als Mittel zur Schaffung neuer Ergebnisse. Die Teile des Nationaleinkommens, die der konsumtiven Bedürfnisbefriedigung dienen, umfassen zugleich auch die Mittel zur einfachen und erweiterten Reproduktion der Arbeitskräfte. Insofern spielt auch die Konsumtionssphäre eine nicht zu unterschätzende Rolle bei der Effektivitätserhöhung der Produktion. Ebenso bestehen Wechselwirkungen zwischen Distribution bzw. Zirkulation und Produktion. Es ist deshalb notwendig, in die Effektivitätsbetrachtung alle *Phasen* des Reproduktionsprozesses einzubeziehen.

Eine ähnliche Problematik ergibt sich auch für die *Stufen* des Reproduktionsprozesses. Während jedoch die Schwierigkeit bei der Phasenunterteilung in der Bestimmung des Ergebnisses der einzelnen Phasen liegt, gibt es bei

[36] E. Honecker, Das Volk der DDR kann mit Zuversicht die Schwelle zum Jahr 1973 überschreiten, a. a. O., S. 26

der Stufenunterteilung weniger Schwierigkeiten bei der Bestimmung des Ergebnisses einzelner Stufen des Produktions- und Reproduktionsprozesses. Der Schwerpunkt liegt hierbei in der Herstellung des Gesamtzusammenhangs und der Bestimmung der *volkswirtschaftlichen* Effektivität von Stufenprozessen.[37]

Ein anderer Aspekt der Effektivitätsproblematik bezieht sich auf die beiden großen *Bereiche* der gesellschaftlichen Arbeit, den produzierenden und den nichtproduzierenden Bereich. Bei der Befriedigung gesellschaftlicher Bedürfnisse bedingen beide einander und setzen einander voraus. Hierbei geht es sowohl um die Effektivität innerhalb beider Bereiche als auch um ihren gemeinsamen Beitrag zur Effektivität des gesamten sozialistischen Reproduktionsprozesses.

Die materielle Produktion bildet die Grundlage für alle Seiten und Bereiche des gesellschaftlichen Lebens, die ihrerseits auf die materielle Produktion zurückwirken. Die Effektivität der *produktiven Arbeit* kommt vor allem in der Entwicklung der Arbeitsproduktivität zum Ausdruck (aufgefaßt als politökonomische Kategorie, d. h. als Relation gesellschaftlicher Gebrauchswerte zum Gesamtaufwand an produktiver Arbeit). Durch die Verteilungsproportionen des materiellen Ergebnisses werden zwingende Zusammenhänge zur Effektivität der nichtproduktiven Arbeit hergestellt.[38]

Ein Charakterzug der sozialistischen Reproduktion besteht in der zunehmenden Bedeutung von gesellschaftlich nützlichen Leistungen, die im *nichtproduzierenden Bereich*[39] hervorgebracht werden, für den gesamten Reproduktionsprozeß. Die dort geleistete *gesellschaftlich nützliche Arbeit* spielt eine große Rolle bei der Befriedigung gesellschaftlicher Bedürfnisse. Diese Rolle wird noch verstärkt, wenn sich die Bedürfnisse künftig in wachsendem Maße auf geistige und kulturelle Bereiche verlagern. Da außerdem der Gesamtaufwand an gesellschaftlicher Arbeit, insbesondere an lebendiger Arbeit, in diesem Bereich im Verhältnis zu den Ergebnissen noch relativ hoch ist, richtet sich die Aufmerksamkeit immer mehr auch auf die Erhöhung des Wirkungsgrades der hier geleisteten Arbeit. Ebenso

[37] Vgl. R. Schöneck, Zur Anwendung der Kennziffer Fondsintensität bei Effektivitätsuntersuchungen im Stufenprozeß der Industrieproduktion, in: Wirtschaftswissenschaft, H. 10/1968, S. 1614–1627

[38] Näheres hierzu findet sich im zweiten Kapitel vorliegender Arbeit.

[39] Zum nichtproduzierenden Bereich werden gerechnet: nicht unmittelbar produktive Zweige der Wissenschaft, das Bildungswesen, das Gesundheits- und Sozialwesen, Kultur und Kunst, Sport und Erholung, staatliche Verwaltung, gesellschaftliche Organisationen.

wie bei der Effektivität der produktiven Arbeit müssen auch bestimmte Kriterien für die Effektivität der nichtproduktiven Arbeit entwickelt werden. Hierbei wären zu berücksichtigen: der Wirkungsgrad der geleisteten Arbeit, die Qualität des Arbeitsresultats (geistiges Produkt oder Dienstleistung), der Wirkungsgrad der eingesetzten Arbeitsmittel und Materialien sowie die damit verbundene Organisation des Arbeitsprozesses. Die quantitative Bestimmung des Aufwands und der konkreten Arbeitsresultate ist in diesem Bereich allerdings sehr kompliziert und brachte bisher noch keine zufriedenstellenden Lösungen. Besondere Schwierigkeiten ergeben sich bei der Darstellung der Ergebnisse, da sie oft nicht in Geldeinheiten gemessen werden können.

1.2. *Ziel der sozialistischen Gesellschaft und Kriterien der Effektivität*

1.2.1. Einige Aspekte des Ziels der sozialistischen Gesellschaft in Verbindung mit der Effektivität des Reproduktionsprozesses

1.2.1.1. Gesellschaftliches Ziel und ökonomische Ergebnisse

Das objektive Ziel der sozialistischen Gesellschaft ist untrennbar mit den Bedürfnissen verbunden, die sich aus der allseitigen Entwicklung der sozialistischen Persönlichkeiten und Kollektive sowie der sozialistischen Gesellschaft als Ganzes ergeben und die sich auf der Grundlage des Produktionswachstums ständig erweitern und verändern. Das im ökonomischen Grundgesetz des Sozialismus (Kommunismus) enthaltene Ziel umfaßt politische, ökonomische, kulturelle, soziale und andere Aspekte, die im gesellschaftlichen Leben eine Einheit bilden. Vom *gesellschaftlichen Ziel* bestimmt und dessen grundlegender Bestandteil sind die *ökonomischen Ziele*, zu denen die Erhöhung des Volkswohlstandes und die Beschleunigung des wissenschaftlich-technischen Fortschritts gehören.[40]

Die verbal definierten Kategorien „objektive gesellschaftliche und ökonomische Ziele" haben einen sehr reichhaltigen und komplexen konkreten

[40] G. Richter trifft eine etwas andere Abstufung, nämlich die zwischen dem Ziel der sozialistischen Gesellschaft und dem Ziel der materiellen Produktion, worunter er „. . . eine hohes und strukturell dem Bedarf entsprechendes Nationaleinkommen zur Sicherung der Ziele der sozialistischen Gesellschaft" versteht. (Vgl. G. Richter, Arbeitsproduktivität – Gewinn – Nationaleinkommen, Berlin 1969, S. 18f.)

Inhalt. Sie können nicht in allen Fällen unmittelbar und direkt in einer meßbaren Form dargestellt werden. Deshalb werden die *ökonomischen Ergebnisse* in Gestalt des real verfügbaren Nationaleinkommens in materieller Struktur, des Endprodukts, des Konsumtionsfonds usw. als materielle Basis zur Erfüllung ökonomischer Ziele aufgefaßt. Diese Ergebnisse können quantitativ erfaßt werden und sind konkret abrechenbar. In dieser Form gehen sie dann auch neben dem Aufwand als Bestandteil in die Effektivitätskriterien ein. Um die allgemein verbale Definition der Ziele und die Meßbarkeit ihrer Erfüllung voneinander abgrenzen zu können, gliedert *J. Kornai* beispielsweise in wirtschaftspolitische Ziele, die die allgemeine Richtung der Vorhaben der Wirtschaftsleitung (Hebung des Lebensstandards, wirtschaftliche Hilfeleistung für andere Länder und anderes) bezeichnen, wirtschaftspolitische Forderungen, deren Erfüllung in konventionellen Einheiten gemessen werden kann (Steigerung der individuellen Konsumtion und anderes), sowie in wirtschaftspolitische Aufgaben, die den von der Wirtschaftsleitung vorgeschriebenen Stand der Erfüllung der entsprechenden wirtschaftspolitischen Forderungen ausweisen.[41]

Die Erhöhung der Effektivität des Reproduktionsprozesses muß auf das gesellschaftliche Ziel ausgerichtet sein, und der Grad seiner Erfüllung ist ein entscheidender Aspekt der Effektivitätsmessung. Durch letztere muß also ausgewiesen werden, inwieweit die ökonomischen Ziele als grundlegender Bestandteil des gesellschaftlichen Ziels erfüllt werden. Das geschieht durch die Einbeziehung konkreter Erscheinungsformen der allgemeinen Kategorien in Form ökonomischer Ergebnisse in die Effektivitätsrechnung.

Wichtigste Grundlage des Lebensprozesses der sozialistischen Gesellschaft bleibt die materielle Produktion. Ihr Ergebnis ist nach Abzug der im Stufenprozeß verbrauchten Produktionsmittel das reale verfügbare Nationaleinkommen in materieller Struktur. Die unterschiedlichen Aspekte, die bei der Betrachtung der speziellen Problematik in den einzelnen *Reproduktionsphasen* zu beachten sind, machen es außerdem erforderlich, für Produktion, Konsumtion, Distribution und Zirkulation jeweils spezifische Ergebnisse bei der Bestimmung der Effektivität zu berücksichtigen. Schwierigkeiten ergeben sich bei der Bestimmung und Messung des Ergebnisses von Konsumtion, Distribution und Zirkulation. Im allgemeinen wird bei der Ermittlung der Effektivität dieser Sphären wie bei der Produktion das Nationaleinkommen als Ergebnis zugrunde gelegt und der Einfluß auf sein Wachstum ermittelt. Beispielsweise wird das Verhältnis von Konsumtion zum Nationaleinkommen oder zu seinem Zuwachs unter-

[41] Vgl. J. Kornai, Mathematische Methoden bei der Planung der ökonomischen Struktur, Berlin 1967, S. 373 und 379

sucht[42]; oder es werden für die Distribution und Konsumtion bestimmte andere Proportionen wie die Relation zwischen Arbeitsproduktivität und Arbeitseinkommen, Lohn und Prämie u. a. herangezogen.[43] Diese Betrachtungsweise ist zwar notwendig, aber einseitig, denn sie bezieht sich mehr auf die Rückwirkung dieser Phasen auf die Produktion, zum Beispiel wirkt die Konsumtion über die Reproduktion der Arbeitskraft auf die Produktion. Man kann aber keineswegs mit der Auffassung von *R. Quapis* und *W. Schulz* einverstanden sein, daß „ein wichtiges Charakteristikum der aktiven Rolle der Konsumtion im Reproduktionsprozeß" darin bestehe, „daß eine Einheit produziertes Nationaleinkommen einen sinkenden Teil der Konsumtion in Anspruch nimmt"[44].

Das eigentliche Ergebnis dieser Sphären ist im Grad der Bedürfnisbefriedigung zu suchen. Die Effektivitätsproblematik besteht in der Konsumtionssphäre u. a. darin, die für den Einkauf, die Essenzubereitung, die Pflege von Kleidung und Wohnraum usw. aufgewendete Zeit zu verringern und somit mehr freie Zeit für Bildung, kulturelle Betätigung, Sport und ähnliches zu erhalten. Weiterhin geht es um das Auffinden zweckmäßiger Formen der individuellen Konsumtion, die eine gesunde Lebensweise unterstützen. Die Effektivität in der Distributionssphäre wird zum Beispiel davon bestimmt, wie das Leistungsprinzip durchgesetzt wird, damit jeder Werktätige seine Bedürfnisse entsprechend seinen Leistungen befriedigen kann. Bei der Verbesserung der Effektivität in der Zirkulationssphäre spielen solche Fragen eine Rolle wie die zweckmäßigste Organisation der Prozesse und die Beschleunigung des Warenumschlags.

Die spezifischen Ergebnisse der einzelnen Sphären des Reproduktionsprozesses sind also sehr vielfältig, von unterschiedlichem Inhalt und haben ihren besonderen Ausdrucksformen. Die spezielle Problematik dieser Sphären zu untersuchen, ist nicht Aufgabe dieser Arbeit. Lösungen sind hier sicher nicht nur mit konventionellen Meßmethoden zu finden.[45]

Da das objektive Ziel des Sozialismus immer mit der Schaffung von freier Zeit zur Enfaltung der schöpferischen Kräfte der Menschen verbunden ist, hängt auch die Effektivitätsproblematik eng mit einem richtigen

42 Vgl. auch A. Keck/R. Quapis, Nutzeffektsberechnungen in der gesellschaftlichen Konsumtion, in: Die Wirtschaft, Nr. 17, 24. 4. 1968, S. 13

43 Vgl. R. Quapis/W. Schulz, Distribution und Konsumtion im ökonomischen System des Sozialismus, in: Wirtschaftswissenschaft, H. 11/1968, S. 1794

44 Ebenda, S. 1796

45 Möglichkeiten hierfür werden von J. Kornai als „konstruierte Maßeinheiten" erörtert, wie verschiedene Arten von „Punkten", „Nutzenseinheiten", „Präferenzgewichten". (Vgl. J. Kornai, Mathematische Methoden bei der Planung der ökonomischen Struktur, a. a. O., S. 379)

Verhältnis von notwendiger Arbeitszeit, Mehrarbeitszeit und Freizeit in Verbindung mit einer entsprechenden Produktivität der gesellschaftlichen Arbeit zusammen. Je höher die Effektivität ist, um so mehr Gebrauchswerte können mit den vorhandenen Mitteln produziert, um so mehr kann aber auch zur Schaffung dieser Mittel notwendige Arbeitszeit begrenzt und disponible Zeit als „Maß des Reichtums" einer Gesellschaft geschaffen werden. *Marx* bemerkte hierzu: „... andrerseits schafft sie (die Mehrarbeit – R. S.) die materiellen Mittel und den Keim zu Verhältnissen, die in einer höheren Form der Gesellschaft erlauben, diese Mehrarbeit zu verbinden mit einer größeren Beschränkung der der materiellen Arbeit überhaupt gewidmeten Zeit."[46]

Unter dem Gesichtspunkt des Zusammenhangs von Effektivität und Ziel der sozialistischen Gesellschaft ist zwischen dem mit den subjektiven Faktoren und dem mit den objektiven Faktoren der Produktion verbundenen Aufwand zu unterscheiden. Beide Faktoren, die Arbeitskräfte und die Produktionsmittel, sind durch ihre Kombination im Reproduktionsprozeß an der Schaffung eines bestimmten Ergebnisses beteiligt, das der Zielrealisierung dient. Aber der für die Arbeitskräfte eingesetzte Aufwand wird nicht nur zur Erhaltung und Erweiterung des Arbeitsvermögens benötigt, wie es für den Einsatz in der Produktion erforderlich ist, sondern dient gleichzeitig der unmittelbaren Zielrealisierung. Auch mit den Produktionsmitteln sind gewisse Zielaspekte verbunden, wie zum Beispiel die mit fortschreitender Technisierung und Automatisierung verbundene Arbeitserleichterung sowie auch Einrichtungen zur Verbesserung der Arbeitsatmosphäre und des Arbeitsschutzes.

1.2.1.2. Effektivität und Nationalreichtum

Ein weites Gebiet der sozialistischen Zielrealisierung wird durch die Erhaltung und das ständige Wachstum des materiellen und geistigen Nationalreichtums im Sozialismus abgesteckt. „Unter dem Begriff des materiellen und geistigen Nationalreichtums sind alle verfügbaren materiellen und geistigen Produktivkräfte und die Gesamtheit der Ergebnisse der materiellen und geistigen Produktion, soweit sie sich objektiv als nutzbare Bestände oder in Gestalt nutzbarer Fähigkeiten für die Produktion und Konsumtion darstellen, zu verstehen."[47]

Die sozialistische Reproduktion wird in zunehmendem Maße dadurch charakterisiert, daß nicht nur das *jährliche* materielle Produkt der gesell-

[46] K. Marx, Das Kapital, Dritter Band, a. a. O., S. 827

[47] Politische Ökonomie des Sozialismus und ihre Anwendung in der DDR, Berlin, 1969, S. 523

schaftlichen Arbeit, sondern auch alle zur Verfügung stehenden *materiellen* Güter, die in vorangegangenen Zeiträumen produziert worden sind, für die materielle Lebensgrundlage der Gesellschaft entscheidend werden. Ihr ständig wachsender Umfang ist ein Ausdruck für die Befriedigung der steigenden materiellen Bedürfnisse und bildet gleichzeitig die Grundlage für eine ständige Erweiterung des Reproduktionsprozesses, die ihrerseits die Voraussetzung für die Befriedigung neuer Bedürfnisse schafft. Der zunehmende Umfang der *geistigen* Produktion führt zu einem Anwachsen des geistigen Nationalreichtums, das ein Ausdruck der für den Sozialismus typischen Persönlichkeitsentwicklung ist und gleichzeitig eine wichtige Voraussetzung für die weitere Entfaltung des Reproduktionsprozesses auf der Grundlage von Wissenschaft und Bildung schafft.

Die Prozesse der Effektivitätsentwicklung sind unmittelbar mit dem wachsenden Umfang der sich ständig verändernden Struktur des materiellen und geistigen Nationalreichtums verbunden, und zwar insbesondere unter zwei Hauptaspekten:

- als Ergebniskomponente zur Erfüllung der durch die sozialistische Gesellschaft gestellten Ziele,
- als Aufwandskomponente zur Durchführung des sozialistischen Reproduktionsprozesses.

Der wachsende Umfang des Nationalreichtums bildet ständig größere Potenzen für seine Nutzung, und die zunehmende Intensität des Reproduktionsprozesses erfordert gleichzeitig eine immer bessere Nutzung der im Nationalreichtum enthaltenen Ressourcen mit dem Ziel, die produktiven und konsumtiven Bedürfnisse der Gesellschaft in wachsendem Umfang zu befriedigen.

Deshalb sind die einzelnen Bestandteile des Nationalreichtums stärker als bisher in die Effektivitätsermittlung einzubeziehen.

Zum *materiellen Nationalreichtum* können gerechnet werden:[48]

- die Produktionsfonds
- die materiellen Fonds der geistigen Produktion (insbesondere der Wissenschaft und Bildung)
- die übrigen materiellen Fonds der geistigen Produktion und zur Verrichtung gesellschaftlich nützlicher Leistungen
- die materiellen Fonds an Konsumgütern
- die Fonds der materiell-technischen Territorialstruktur
- die Summe der erschlossenen wie erschließbaren natürlichen Ressourcen, Naturbedingungen und Naturreichtümer.

Zum *geistigen Nationalreichtum* können gerechnet werden:[49]

[48] Vgl. ebenda, S. 524
[49] Vgl. ebenda, S. 525

– die Gesamtsumme des Wissens und Könnens der sozialistischen Gesellschaft
– die Gesamtheit ihrer geistig-kulturellen, moralisch-ethischen, künstlerischen und literarischen, aber auch politisch-ideologischen Werte, Einsichten und Fähigkeiten.

In die volkswirtschaftliche Effektivitätsrechnung voll einbezogen sind bisher nur die an erster Stelle genannten Produktionsfonds, alle anderen Bestandteile des Nationalreichtums werden nur teilweise berücksichtigt. Als besonders schwierig erweist sich die Ermittlung und Darstellung des geistigen Nationalreichtums. Die prinzipiellen Unterschiede zwischen materieller und geistiger Produktion gestatten keine der materiellen Produktion analoge Erfassung der Effektivität der geistigen Produktion.

1.2.1.3. Effektivität, Mehrprodukt und notwendiges Produkt

Zwischen Nationalreichtum und Nationaleinkommen besteht ein unmittelbarer Zusammenhang. Die Nutzung des vorhandenen Nationalreichtums bildet Voraussetzung und Bedingung der Produktion von Nationaleinkommen, und die ständige Erneuerung und Vermehrung des Nationalreichtums erfolgt über das gesellschaftliche Gesamtprodukt und das Nationaleinkommen.

In Verbindung mit dem Ziel der sozialistischen Gesellschaft gewinnt die Aufteilung des Nationaleinkommens (in stofflich-gebrauchswertmäßiger Form) in Mehrprodukt und notwendiges Produkt eine neue und andere Bedeutung als im Kapitalismus. Es geht um ein den gesellschaftlichen und individuellen Bedürfnissen entsprechendes Aufkommen an Menge und Qualität des Mehrprodukts und des notwendigen Produkts, das wesentlich von der Höhe der gesellschaftlichen Arbeitsproduktivität und der Qualität der Arbeit abhängt.

Im Hinblick auf die kommunistische Gesellschaftsordnung schrieb *Marx*, daß das „Reich der Freiheit . . . jenseits der Sphäre der eigentlichen materiellen Produktion" liege, das „Reich der Naturnotwendigkeit" sich mit den wachsenden Bedürfnissen erweitere, „aber zugleich erweitern sich die Produktivkräfte, die diese befriedigen". Die Freiheit in diesem Gebiet bestehe in einem rationellen Stoffwechsel mit der Natur und darin, „ihn mit dem geringsten Kraftaufwand und unter den, ihrer menschlichen Natur würdigsten und adäquatesten Bedingungen"[50] zu vollziehen. Es muß also ein immer größerer Teil des geschaffenen Mehrprodukts zur Erweiterung des „Reichs der Freiheit" zur Verfügung stehen. Je umfassender sich die

50 K. Marx, Das Kapital, Dritter Band, a. a. O., S. 828

sozialistische Gesellschaft entwickelt und je mehr sich der komplexe Zusammenhang der ökonomischen Gesetze durchsetzt, um so größer werden die Ansprüche, die an Umfang, Qualität und Struktur des in der materiellen Produktion erzeugten Mehrprodukts zu stellen sind, insbesondere auch im Hinblick auf die für die Stärkung und Entwicklung der sozialistischen Gesellschaftsordnung notwendige Steigerung der Akkumulationskraft der Volkswirtschaft.

Selbstverständlich soll diese Feststellung keine Unterschätzung des notwendigen Produkts bedeuten, das im Sozialismus ebenso wie das Mehrprodukt der Zielrealisierung dient. Somit ist das gesamte neu geschaffene Produkt gesellschaftlich notwendig, sofern es eine bedarfsgerechte Verteilung der gesellschaftlichen Arbeit einschließt. *Marx* schrieb jedoch: „Mehrarbeit überhaupt, als Arbeit über das Maß der gegebnen Bedürfnisse hinaus, muß immer bleiben.“[51] Dies ist besonders unter zwei Aspekten von Bedeutung. Einmal muß jedes einzelne Mitglied der Gesellschaft einen gewissen Teil Arbeit zur Befriedigung gesamtgesellschaftlicher Bedürfnisse leisten, und zum anderen wird ein wachsender Teil der Mehrarbeit zur Schaffung der Grundlagen für die zukünftig zu befriedigenden Bedürfnisse eingesetzt. In diesem Sinne steigt die Bedeutung des *Mehrprodukts* für die Realisierung des Ziels der sozialistischen Gesellschaft. Zunächst bildet es eine wichtige Grundlage für die Ausdehnung des Reproduktionsprozesses für die Stärkung der Akkumulationskraft. Damit wird die materielle Basis für die Befriedigung in Zukunft auftretender, neuer konsumtiver Bedürfnisse geschaffen. Weiterhin beinhaltet es die Mittel zur Versorgung der nichtproduzierenden Bereiche, deren Rolle und Bedeutung für die sozialistische Gesellschaft wächst, und zur Versorgung der nicht im Arbeitsprozeß stehenden Personen (Renten, Stipendien) sowie die für Verteidigung und internationale Solidarität notwendigen Mittel. Bei der Vergrößerung des gesamten Mehrprodukts ist unter sozialistischen Bedingungen die Steigerung der gesellschaftlichen Arbeitsproduktivität der entscheidende Faktor.

Das Mehrprodukt muß in einem richtigen Verhältnis zum *notwendigen Produkt* stehen, denn davon hängt wesentlich ab, welche Mittel die Gesellschaft für Akkumulation und Komsumtion verwenden kann. Der im Kapitalismus existierende antagonistische Gegensatz zwischen Mehrprodukt und notwendigem Produkt ist aufgehoben, beide Teile des Nationaleinkommens dienen der Befriedigung von Bedürfnissen der sozialistischen Gesellschaft. Deshalb kann auch nicht allein das Mehrprodukt für die Effektivität des Reproduktionsprozesses entscheidend sein, sondern das gesamte *neu geschaffene Produkt.*

[51] Ebenda, S. 827

Die notwendige Arbeit ist in der sozialistischen Gesellschaft unter doppeltem Aspekt zu sehen. Sie wird zur Befriedigung der individuellen Bedürfnisse der in der materiellen Produktion Beschäftigten aufgewendet und ist gleichzeitig Bestandteil des Aufwands zur Erreichung eines bestimmten Produktionsresultats und insofern Reproduktionsaufwand der Arbeitskraft. *Marx* bemerkte hierzu, daß bei „Beseitigung der kapitalistischen Produktionsform ... die notwendige Arbeit ... unter sonst gleichbleibenden Umständen, ihren Raum ausdehnen“ würde, „weil die Lebensbedingungen des Arbeiters reicher und seine Lebensansprüche größer“[52] werden. Und an anderer Stelle heißt es, daß die „gemeinschaftliche Befriedigung von Bedürfnissen ... im selben Maß“ zunimmt, „wie die neue Gesellschaft sich entwickelt“[53]. Im Sozialismus entfallen zudem „die kapitalistische Schranke“ für den „Umfang des Konsums“ sowie der parasitäre Verbrauch der Ausbeuter. Zum Reproduktionsaufwand der Arbeitskraft und zur Befriedigung ihrer Bedürfnisse gehören auch die Leistungen des Bildungswesens, des Gesundheitswesens, der sozialen und kulturellen Bereiche u. a., die aus dem gesellschaftlichen Konsumtionsfonds abgegolten werden, aber im eigentlichen Sinne notwendige Arbeit sind, erforderlich zur „volle(n) Entwicklung der Individualität“.

Bei diesem erweiterten Begriff der notwendigen Arbeit reduziert sich die Mehrarbeit im wesentlichen auf die Bildung eines Assekuranz- und Reservefonds sowie auf den Aufwand zur Erweiterung des Reproduktionsprozesses, wie er durch die Entwicklung der gesellschaftlichen Bedürfnisse bestimmt ist. Einige Autoren fordern dementsprechend die Einbeziehung von Bestandteilen der gesellschaftlichen Konsumtion in das notwendige Produkt.[54]

Bei der wachsenden Bedeutung, die auch das Mehrprodukt in der sozialistischen Gesellschaft erhält, müßte das Verhältnis zwischen Mehrprodukt und notwendigem Produkt sowohl inhaltlich als auch in der gegenseitigen Abgrenzung neu durchdacht werden. Wenn in folgenden Kapiteln der vorliegenden Arbeit die Begriffe „Mehrprodukt“ und „notwendiges Produkt“ zur Vereinfachung von Berechnungen und zur besseren Verständigung in

[52] K. Marx, Das Kapital, Erster Band, in: MEW, Bd. 23, Berlin 1964, S. 552

[53] K. Marx, Randglossen zum Programm der deutschen Arbeiterpartei, in: MEW, Bd. 19, Berlin 1964, S. 19

[54] Vgl. hierzu u. a. : G. Ebert/G. Koch/F. Matho/H. Milke, Ökonomische Gesetze im gesellschaftlichen System des Sozialismus, a. a. O., S. 136; F. Gračev, Zur Frage des notwendigen und Mehrprodukts im Sozialismus, in: Ekonomičeskie nauki, H. 12/1968, S. 19; S. Šulga/J. Palkin, Über die Kategorien des neu geschaffenen Produkts im Sozialismus, in: Ekonomika sovetskoj Ukrainy, H. 2/1969

der bisher gebräuchlichen Weise verwendet werden, so bedeutet das keineswegs eine Unterschätzung der damit verbundenen theoretischen Problematik.

1.2.2. Kriterien und Faktoren der volkswirtschaftlichen Effektivität

1.2.2.1. Kriterien und ökonomische Kennziffern der Effektivität

Eine Einschätzung der vorhandenen oder zu planenden bzw. zu prognostizierenden Größe der Effektivität des sozialistischen Reproduktionsprozesses erfordert die Erarbeitung bestimmter *Kriterien*, die die Wirkung effektivitätsbestimmender Faktoren auf ein durch ihren Einsatz erzieltes Ergebnis zum Ausdruck bringen. Kriterien beinhalten unterscheidende Merkmale beziehungsweise Kennzeichen.[55] Bei den Kriterien der Effektivität des Reproduktionsprozesses ist insbesondere zwischen einer qualitativen und einer quantitativen Seite zu unterscheiden. Die *qualitative Seite* umfaßt wesentliche Merkmale der Effektivität und beinhaltet somit wesentliche Zustände, Prozesse und Erscheinungen des Reproduktionsprozesses, an denen die Effektivität erkennbar ist. Die *quantitative Seite* zeigt Maßstäbe für die Zustände, Prozesse und Erscheinungen der Effektivität an. Die für die Erfassung und statistische Widerspiegelung nötige exakte Abgrenzung der Effektivitätsprozesse erfolgt durch ökonomische *Kennziffern*.[56] Die in den Kennziffern zahlenmäßig erfaßte Größe der Effektivität kann sowohl die Beurteilung des tatsächlichen Zustandes oder der vorhandenen Entwicklung als auch die Orientierung auf eine zu erreichende Größe (Normative) ausdrücken.

Aus der Existenz einer qualitativen und einer quantitativen Seite der Effektivitätskriterien folgt die notwendige Beachtung von zwei Momenten, denen in der ökonomischen Literatur und in der Praxis nicht immer genügend Rechnung getragen wird. *Erstens*: Bei einem gegebenen Entwicklungsstand des Wissens ist es meist nicht möglich, alle qualitativ herausgearbeiteten Prozesse und Erscheinungen auch quantitativ vollständig zu erfassen. *Zweitens*: Hieraus ergibt sich, daß man nicht in den Fehler verfallen darf, vorauszusetzen, daß die zur Beurteilung herangezogenen quantitativen Kennziffern die Effektivität des Reproduktionsprozesses allseitig und umfassend widerspiegeln können.

Besonders deutlich wird diese Problematik, wenn man den Unterschied zwischen der politökonomischen Kategorie Arbeitsproduktivität als grundlegendes Kriterium der Effektivität und der zur Messung gebräuchlichen Kennziffer Arbeitsproduktivität etwas näher betrachtet. Schon bei der Dar-

[55] Vgl. Lexikon A – Z in zwei Bänden, Erster Band, Leipzig 1958, S. 1005
[56] Vgl. Ökonomisches Lexikon A – K, Berlin 1970, S. 1059

stellung der Umstände, die die Produktivkraft der Arbeit bestimmen, durch *Marx*[57] ist erkennbar, daß die Arbeitsproduktivität nicht nur den Aufwand an lebendiger Arbeit im Verhältnis zu ihrem Ergebnis beinhalten kann. Steigerung der Arbeitsproduktivität bedeutet sowohl Senkung des Gesamtaufwands an gesellschaftlicher Arbeit als auch quantitative Erhöhung und verbesserte Qualität des Ergebnisses in bedarfsgerechter Struktur. Der *Gesamtaufwand* umfaßt die für die Produktion des Ergebnisses notwendige *lebendige und vergegenständlichte* Arbeit, unabhängig davon, ob sie in laufenden oder in vergangenen Zeiträumen verausgabt wurde. Das geht auch aus folgenden Bemerkungen von *Marx* hervor: „Unter *Erhöhung der Produktivkraft der Arbeit* verstehn wir hier überhaupt eine *Verändrung im Arbeitsprozeß*, wodurch die zur Produktion einer Ware gesellschaftlich erheischte Arbeitszeit verkürzt wird, ein kleinres Quantum Arbeit also die *Kraft* erwirbt, ein größres Quantum Gebrauchswert zu produzieren."[58] An anderer Stelle bemerkt *Marx*: „Es ist klar, daß bloßes Deplacement der Arbeit stattfindet, also die Gesamtsumme der zur Produktion einer Ware erheischten Arbeit nicht vermindert oder die Produktivkraft der Arbeit nicht vermehrt wird, wenn die Produktion einer Maschine so viel Arbeit kostet, als ihre Anwendung erspart."[59] Und ferner: „Gesellschaftlich betrachtet, wächst die Produktivität der Arbeit auch mit ihrer Ökonomie. Diese schließt nicht nur die Ökonomisierung der Produktionsmittel ein, sondern die Vermeidung aller nutzlosen Arbeit."[60] Die politökonomische Kategorie Arbeitsproduktivität ist also nicht zu verwechseln mit der Möglichkeit ihrer quantitativen Darstellung in der Kennziffer Arbeitsproduktivität, die nur den Aufwand an lebendiger Arbeit erfaßt und aus der nicht ersichtlich ist, ob das Ergebnis in bedarfsgerechter Struktur vorliegt.[61] *Marx* weist darauf hin, daß in der sozialistischen Gesellschaftsordnung die Verminderung des Gesamtarbeitsquantums für die Steigerung der Arbeitsproduktivität ausschlaggebend ist: „Die Verminderung des in die Ware eingehenden Gesamtarbeitsquantums scheint hiernach das wesentliche Kennzeichen gesteigerter Produktivkraft der Arbeit zu sein, gleichgültig unter welchen gesellschaftlichen Bedingungen produziert wird. In einer Gesellschaft,

[57] Vgl. K. Marx, Das Kapital, Erster Band, a. a. O., S. 54

[58] Ebenda, S. 333

[59] Ebenda, S. 412

[60] Ebenda, S. 552

[61] Diese Betrachtungsweise bezieht sich *nur* auf die volkswirtschaftliche Ebene. Während bei der Arbeitsproduktivität in den Produktionsstufen die laufende vergegenständlichte Arbeit mit einbezogen werden kann, stellt bei volkswirtschaftlicher Zusammenfassung die laufende vergegenständlichte Arbeit nur eine Doppelzählung der lebendigen Arbeit dar.

worin die Produzenten ihre Produktion nach einem voraus entworfenen Plan regeln ... würde die Produktivität der Arbeit auch unbedingt nach diesem Maßstab gemessen."[62]

Aus der politökonomischen Bestimmung der Arbeitsproduktivität erwächst ihre wichtige Rolle bei der Steigerung der Effektivität. Die vorhandene Möglichkeit zur Messung der Arbeitsproduktivität auf volkswirtschaftlicher Ebene reicht zur Ermittlung der volkswirtschaftlichen Effektivität des Reproduktionsprozesses nicht aus. Es müssen zusätzliche Kriterien herausgearbeitet werden, die den Wirkungsgrad aller eingesetzten Mittel erfassen, also den Gesamtaufwand an gesellschaftlicher Arbeit, der lebendigen und vergegenständlichten, in laufenden und vergangenen Zeiträumen berücksichtigen sowie die bedarfsgerechte Verteilung des Ergebnisses widerspiegeln.[63]

1.2.2.2. Erscheinungsformen der Effektivitätsfaktoren in Bestand und Aufwand

Über die Kriterien der Effektivität wird die Art und Weise des Wirkens der grundlegenden Faktoren des Reproduktionsprozesses (Arbeitskraft, Arbeitsmittel, Arbeitsgegenstand) erfaßt. Diese erscheinen in den Kriterien als Bestand oder Aufwand und werden dem mit ihnen erzielten Ergebnis gegenübergestellt. Politische, ideologische, natürliche, geographische u. a. Voraussetzungen und Bedingungen des Reproduktionsprozesses beeinflussen zwar die volkswirtschaftliche Effektivität, wirken aber hauptsächlich mittelbar über die grundlegenden Faktoren auf das Ergebnis ein.

Durch die Vereinigung der Arbeitskraft mit den Produktionsmitteln im Arbeitsprozeß werden neue Produkte und Leistungen hervorgebracht. Dabei erfolgt die Übertragung bereits vorhandenen Werts auf die Produkte. Gleichzeitig hiermit wird durch die Arbeitskraft neuer Wert geschaffen. Die Einheit der beiden Seiten des Reproduktionsprozesses ist auch in den Effektivitätskriterien zu berücksichtigen.

Das im Arbeitsprozeß eingesetzte Arbeitsvermögen der *Arbeitskräfte* ist auf der Grundlage materieller Lebensbedingungen das Ergebnis eines langen Bildungsprozesses und vom Niveau und von der Vermittlung neuer wissenschaftlicher Erkenntnisse abhängig. Die geistigen Fähigkeiten, das Wissen und Können sind im Bildungsniveau erkennbar und Bestandteil des geistigen Nationalreichtums. Darüber hinaus wird das Arbeitsvermögen u. a.

[62] K. Marx, Das Kapital, Dritter Band, a. a. O., S. 271

[63] Die nähere Bestimmung der Kriterien (Effektivitätsrelationen und Grundproportionen) erfolgt im zweiten Kapitel vorliegender Arbeit.

von der kulturellen, sozialen und gesundheitlichen Betreuung durch die Gesellschaft beeinflußt. Die Arbeitskraft verkörpert also in sich in vergangenen Zeiträumen aufgewendete gesellschaftliche Arbeit (darunter in ein bestimmtes Niveau vielseitiger Fähigkeiten umgesetzte Arbeit), die in volkswirtschaftlicher Aggregation als „Reproduktionsfonds der Arbeitskraft", „Bildungsfonds", „Wissenschaftsfonds" o. ä. ausgewiesen werden kann. Im Arbeitsprozeß kommt es auf die *volle Nutzung* des Arbeitsvermögens an, wozu beispielsweise auch ein dem Qualifikationsniveau entsprechender Einsatz gehört. Bei der Effektivitätsbestimmung sollte die Untersuchung der Nutzung dieser „Fonds" eine weitaus stärkere Rolle spielen als bisher, denn durch ihre Erhöhung muß die Fähigkeit der Arbeitskraft gesteigert werden, mehr und bessere Gebrauchswerte zu schaffen.

Die Reproduktion der Arbeitskraft erfordert einen jährlichen Aufwand, der sich aus den Kosten aller in einem Jahr verbrauchten „Lebensmittel" im weitesten Sinne des Wortes zusammensetzt. Hierbei ist zu unterscheiden zwischen dem laufenden Aufwand für die einfache Reproduktion der vorhandenen Arbeitskräfte und dem einmaligen Aufwand für die Erhöhung der Arbeitskräftezahl und die erweiterte Reproduktion der vorhandenen Arbeitskräfte, der zur Erhöhung des „Reproduktionsfonds" führt.

Die *Produktionsmittel* sind ebenfalls in zweifacher Hinsicht in der Effektivitätsproblematik zu berücksichtigen: „Der Unterschied von Arbeitsprozeß und Verwertungsprozeß reflektiert sich hier an ihren gegenständlichen Faktoren, indem dasselbe Produktionsmittel als Element des Arbeitsprozesses ganz und als Element der Wertbildung nur stückweis in demselben Produktionsprozeß zählt."[64] Die Arbeitsmittel sind vorwiegend während eines längeren Zeitraumes akkumuliert worden und fungieren in ihrer physischen Gestalt als Ganzes im Arbeitsprozeß. Ihr Wirkungsgrad hängt entscheidend von der Anwendung und Beherrschung des wissenschaftlich-technischen Fortschritts ab. Die Arbeitsmittel und Vorräte an Arbeitsgegenständen verkörpern in vergangenen Zeiträumen aufgewendete gesellschaftliche Arbeit und sind Bestandteil des Nationalreichtums. Sie werden bei volkswirtschaftlicher Aggregation zu „Produktionsfonds" zusammengefaßt. Die rationelle Nutzung dieser „Fonds" erfordert insbesondere die Beachtung aller im Arbeitsprozeß auftretenden Momente. Der Schwerpunkt von Effektivitätsbetrachtungen liegt beim Bestand an Produktionsmitteln in den Problemen der intensiv erweiterten Reproduktion. Die Proportionen seiner einzelnen Bestandteile liegen im großen und ganzen fest, so daß seine optimale Anwendung im Reproduktionsprozeß im Vordergrund steht. Das bedeutet beispielsweise für den Bestand an Grundmitteln

[64] K. Marx, Das Kapital, Erster Band, a. a. O., S. 219

höchste extensive und intensive zeitliche Ausnutzung, eine auf moderne Technik ausgerichtete Instandhaltungs- und Aussonderungspolitik und anderes mehr. Um aber die Entwicklung seines Ausnutzungsgrades feststellen zu können, muß der Bestand in seinem *vollen Umfang* – so wie er im Arbeitsprozeß wirkt – dem erreichten Ergebnis gegenübergestellt werden.

Im Verlauf des Arbeitsprozesses wird der Wert des Bestandes übertragen, wodurch die eingesetzten Mittel als Aufwand erscheinen und somit den Verbrauch bzw. Verzehr an gegenständlichen Faktoren umfassen. Hierbei ist zu unterscheiden zwischen dem laufenden Aufwand, der im Prozeß der einfachen Reproduktion mit der Wertgröße der Fonds zusammenhängt, und dem einmaligen Aufwand, der im Prozeß der erweiterten Reproduktion zu einer Erhöhung der Fonds führt. Hierbei geht es vor allem um eine proportional richtige Verteilung der gesellschaftlichen Arbeit zur Gestaltung einer den zukünftigen Aufgaben entsprechenden Struktur des Produktionsprozesses. Hinsichtlich der Bestimmung des einmaligen Aufwands spielt die extensiv erweiterte Reproduktion eine große Rolle, deren Ausmaß unter anderem von der Intensität der erweiterten Reproduktion abhängt. Die Bestimmung der notwendigen Höhe, Verteilung und Nutzung der Akkumulationsmittel gewinnt unter den Bedingungen der zunehmenden Intensivierung eine immer größere Bedeutung für den Reproduktionsprozeß.

In der ökonomischen Literatur wird häufig sowohl der Bestand als auch sein jährlicher Zuwachs (zum Beispiel der Bestand an Grundmitteln und die Investitionen) in Gegenüberstellung zum jährlichen laufenden Aufwand als einmaliger oder vorgeschossener Aufwand bezeichnet.[65] Das trifft wohl auf den jährlichen Zuwachs zu, aber der gesamte Bestand ist Aufwand vorangegangener Zeiträume und kann daher im gegebenen Produktionsprozeß nicht mehr als Aufwand angesehen werden. Das ist keine formale Frage der Bezeichnungsweise, sondern betrifft den unterschiedlichen ökonomischen Inhalt und hat Konsequenzen für eine Effektivitätsrechnung. Um die Wirkung der Faktoren des Reproduktionsprozesses allseitig zu erfassen, ist die spezifische Problematik des Bestandes und des Aufwands zu beachten. Diese prinzipielle Unterscheidung zwischen Bestand und Aufwand ist unseres Erachtens ein wesentlicher Aspekt der volkswirtschaftlichen Effektivitätsrechnung.

Eine vereinfachte Übersicht zum Inhalt und zu den Wechselbeziehungen von Bestand und Aufwand gibt Abbildung 1.

Über die grundlegenden Faktoren des Reproduktionsprozesses und in Verbindung mit ihnen wirken alle anderen vielfältigen Faktoren und Be-

[65] Vgl. zum Beispiel H. Nick, Technische Revolution und Ökonomie der Produktionsfonds, Berlin 1967, S. 165; W. Marschall, Zum System der Effektivitätskriterien, a. a. O., S. 198

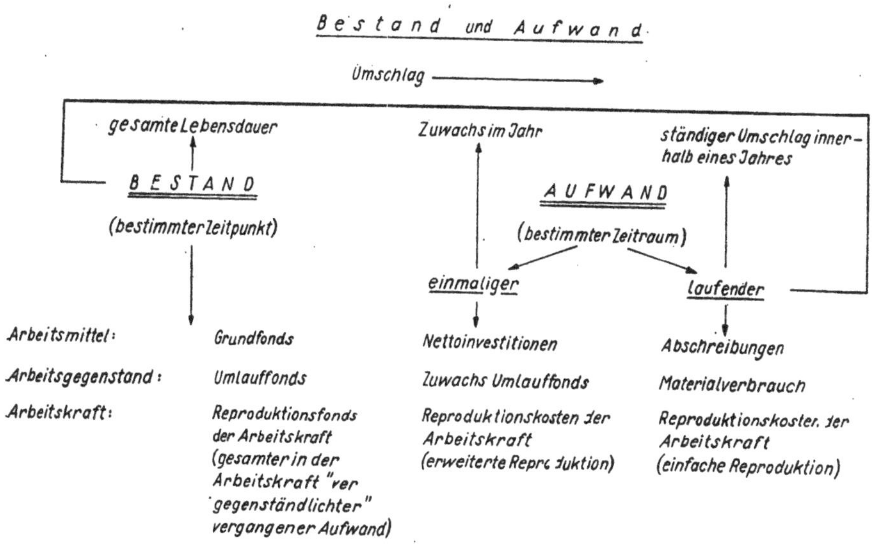

Abb. 1: Bestand und Aufwand

dingungen, die die Effektivität des Reproduktionsprozesses bestimmen und deren Ausnutzung letztlich in den Effektivitätskriterien zum Ausdruck kommen muß. Die Beurteilung der volkswirtschaftlichen Effektivitätsentwicklung ist jedoch oftmals schwierig, weil viele dieser mannigfaltigen Faktoren und Bedingungen größtenteils nicht direkt gemessen werden können, aber für eine richtige Beurteilung der Effektivitätsentwicklung eine nicht zu unterschätzende Bedeutung haben. Die zunehmende Verflechtung aller Teile des gesellschaftlichen Reproduktionsprozesses erfordert, den gegenseitigen Zusammenhang aller Faktoren und Bedingungen zu beachten.

Ausgehend von den allgemeinen politischen Bedingungen (die sich insbesondere aus der Auseinandersetzung mit dem Imperialismus ergeben) sowie den historischen, kulturellen, natürlichen und anderen Bedingungen, müssen zu den unmittelbar effektivitätswirksam werdenden Faktoren und Bedingungen folgende gerechnet werden:

- die Verwandlung großer Teile der Wissenschaft in eine unmittelbare Produktivkraft
- die Erreichung eines hohen Bildungsniveaus für alle Werktätigen
- die Durchsetzung einer den Bedürfnissen der Gesellschaft und den Erfordernissen der intensiv erweiterten Reproduktion entsprechenden Struktur der gesellschaftlichen Gesamtarbeit

- die zunehmend aktive Gestaltung und Vertiefung der Vergesellschaftungsprozesse (Konzentration, Spezialisierung, Kombination, sozialistische internationale Arbeitsteilung usw.)
- die Anwendung und Weiterentwicklung einer wissenschaftlichen Leitungs- und Planungstätigkeit sowie der ökonomischen Stimulierung
- die Dynamik des Preissystems
- die Intensivierung der Außenwirtschaftstätigkeit
- die „Produktivität" der natürlichen Ressourcen und andere mehr.

Durch eine Vervollkommnung auf allen diesen Gebieten können noch beträchtliche Effektivitätsreserven erschlossen werden.

2. Zu einigen wichtigen Entwicklungstendenzen synthetischer volkswirtschaftlicher Effektivitätskriterien im Prozeß der intensiv erweiterten Reproduktion

Zur Leitung und Planung des sozialistischen Reproduktionsprozesses werden Instrumentarien benötigt, die eine Messung und Steuerung der Effektivitätsentwicklung ermöglichen. Es besteht im allgemeinen Einigkeit darüber, daß mit einer einzigen der bekannten Effektivitätskennziffern (Arbeitsproduktivität, Fondsintensität, Materialintensität und so weiter) nur jeweils ein Ausschnitt des Reproduktionsprozesses erfaßt werden kann und zur volkswirtschaftlich komplexen Effektivitätsmessung neue Wege beschritten werden müssen. Im Mittelpunkt der gegenwärtig zur volkswirtschaftlichen Effektivität des Reproduktionsprozesses geführten Diskussion stehen die Fragen nach einem kombinierten synthetischen Kriterium der Effektivität bzw. nach Möglichkeiten, diese anhand verschiedener Detailkriterien zusammenhängend zu beurteilen.

2.1. Zur Problematik des „Gesamtaufwands" in einem kombinierten synthetischen Effektivitätskriterium

In der ökonomischen Literatur gibt es Meinungen, die ein einziges zusammenfassendes meßbares Kriterium der Effektivität für erforderlich halten.[1]

In diese Richtung tendiert auch die Auffassung von *W. Kalweit/H. Wolf/G. Friedrich*, die erklären: „Eine der wesentlichsten Aufgaben der politischen Ökonomie besteht darin, *das* (hervorgehoben von R. S.) Kriterium zu finden, das als synthetischer Ausdruck des Nutzeffekts der gesellschaftlichen Arbeit dienen kann, in dem also alle Seiten, Faktoren, des ökonomischen Nutzeffekts ihren Niederschlag finden."[2] Ganz ausgeprägt ist

[1] Eine ausführliche, grundsätzliche Auseinandersetzung mit einer Anzahl dieser Meinungen führt A. Jeremin in seinem Artikel „Über die Kriterien der Effektivität", in: Sowjetwissenschaft, Gesellschaftswissenschaftliche Beiträge, H. 5/1972, S. 500ff.

[2] W. Kalweit/H. Wolf/G. Friedrich, Thesen zur Konferenz „Das neue ökonomische System der Planung und Leitung beim umfassenden Aufbau des Sozialismus unter den Bedingungen der technischen Revolution", in: Wirtschaftswissenschaft, H. 2/1966, S. 183

die Forderung, sich auf ein einziges Effektivitätskriterium zu beschränken, bei *S. Šatalin* enthalten: „Für die Bewertung des Nutzeffekts der gesellschaftlichen Produktion und seiner Veränderung benötigen wir ein aussagefähiges Kriterium. Ein solches Kriterium ist unserer Ansicht nach der Stand und die Bewegung der gesellschaftlichen Arbeitsproduktivität."[3]

Nach *W. Marschall* existiert ebenfalls ein – allerdings nicht näher definiertes – „objektives Effektivitätskriterium", das er folgendermaßen umschreibt: „Das objektiv bedingte Effektivitätskriterium besitzt sehr komplexen Charakter. Es beinhaltet die verschiedensten Effekte und Faktoren (Aufwandsarten), die untereinander mannigfaltige Wechselbeziehungen aufweisen."[4] Marschall sieht jedoch die praktische Schwierigkeit, ein solches „objektives Effektivitätskriterium" zu bestimmen, und er plädiert deshalb für ein System von Effektivitätskriterien, die durch Kennzahlen darstellbar sind.

V. Medvedev ist sogar der Ansicht, daß die Ablehnung eines einheitlichen Ausdrucks der Effektivität dem Wesen der Sache nach gleichzusetzen ist mit einer Ablehnung der selbständigen Existenz der Effektivität der Produktion als ökonomische Kategorie.[5] Er macht jedoch selbst einen nur sehr einseitig auf den Aufwand bezogenen Vorschlag für solch einen einheitlichen Ausdruck und betont die Notwendigkeit, für detaillierte Analysen Teilkennziffern anzuwenden.

Vielfach wird auch ein Kriterium des Wachstums, der Zuwachs an Nationaleinkommen, bereits als ein Kriterium der Effektivität bezeichnet, obgleich zur Charakterisierung der Effektivität das Ergebnis des Wachstumsprozesses allein nicht ausreicht, denn es muß stets ein Vergleich mit den aufgewendeten Mitteln erfolgen.

Es ist durchaus begründet, ein kombiniertes Kriterium zu fordern, denn erstens soll die Aufwandskomponente das Zusammenwirken der Faktoren des Reproduktionsprozesses bei der Erzeugung eines gemeinsamen Ergebnisses widerspiegeln. Zweitens besteht die Möglichkeit, daß sich wichtige Teilkriterien gegenläufig entwickeln (wie das zum Beispiel bei der Arbeitsproduktivität und der Fondsintensität häufig der Fall ist), was eine Einschätzung der Gesamteffektivität bei Variantenvergleichen sehr erschwert. Drittens wäre ein zusammenfassendes Kriterium, das die Gesamtwirkungen von Beständen und Aufwendungen umfaßt, ein einfaches Instrument für

[3] S. Schatalin, Die Proportionen der wirtschaftlichen Entwicklung und der ökonomische Nutzeffekt der gesellschaftlichen Produktion, in: Sowjetwissenschaft, Gesellschaftswissenschaftswissenschaftliche Beiträge, H. 7/1965, S. 688

[4] W. Marschall, Zum System der Effektivitätskriterien, a. a. O., S. 172

[5] Vgl. V. Medvedev, Über die Kriterien der Effektivität der sozialistischen Produktion, in: Voprosy ekonomiki, H. 10/1972, S. 58/59

die Leitung und Planung, mit dem die Entwicklung der Effektivität leicht zu erfassen und zu übersehen wäre.

Die Schwierigkeiten bei der Bestimmung eines kombinierten synthetischen Effektivitätskriteriums liegen darin, Elemente volkswirtschaftlicher Bestands- und Aufwandsgrößen zu einer Art „Gesamtaufwand" zusammenzufassen und in einer kombinierten Kennziffer dem Gesamtergebnis[6] gegenüberzustellen. So betrachtet hat der Begriff „Gesamtaufwand" einen auf das Kennzifferninstrumentarium ausgerichteten praktisch-methodischen Inhalt und unterscheidet sich natürlich grundsätzlich von der politökonomischen Kategorie Gesamtaufwand, wie sie im ersten Kapitel der vorliegenden Arbeit umrissen wurde. Wenn im folgenden von „Gesamtaufwand" gesprochen wird, so in diesem praktisch-methodischen Sinn.

Es entsteht also die Frage, ob unter dem Gesichtspunkt der Effektivität eine Kennziffer mit einem solcher Art zusammengefaßten „Gesamtaufwand" konstruiert werden kann, der *alle* für die Effektivität des Reproduktionsprozesses notwendigen Mittel erfassen würde. Die Beantwortung hängt mit der näheren Bestimmung seines Inhalts zusammen und ist mit einigen theoretischen und praktischen Problemen verbunden, die bislang noch nicht zufriedenstellend geklärt werden konnten.

Die Zusammenfassung von Elementen volkswirtschaftlicher Aufwands- und Bestandsgrößen kann in kombinierten Bestandskennziffern, in kombinierten Aufwandskennziffern und in kombinierten Kennziffern, die Teile des Bestands und Aufwands enthalten, erfolgen.

1. *Bestandskombination* (Produktionsfonds, Bildungsfonds und so weiter)

Kombinierte Bestandskennziffern sind im allgemeinen noch nicht entwickelt worden, da die Zusammenfassung verschiedener Bestände, die vergangenen Aufwand für Produktionsmittel *und* Arbeitskräfte repräsentieren, besonders problematisch ist. (Von der bekannten Kombination der Produktionsfonds aus Grund- und Umlauffonds soll hier abgesehen werden.) Denkbar wäre beispielsweise eine Zusammenfassung von Produktions- und Bildungsfonds. Hier haben wir es jedoch mit einem grundverschiedenen Inhalt der beiden Bestandsarten zu tun, denn einmal handelt es sich um akkumulierte Produkte der materiellen Produktion, zum anderen um in der Arbeitskraft „vergegenständlichte" Aufwendungen mit völlig unterschiedlichen Reproduktionsbedingungen.

2. *Aufwandskombination* (Abschreibungen, Materialverbrauch, Investitionen und so weiter)

[6] Als Ergebnis wird zum größten Teil übereinstimmend das Nationaleinkommen betrachtet.

Kombinierte Aufwandskennziffern umfassen verschiedene Bestandteile des laufenden und einmaligen Aufwands. Ein Beispiel hierfür ist der *Reproduktionskoeffizient (nach V. Nachtigal)*[7]

$$r = \frac{c + v + a}{p}$$

c – Produktionsverbrauch
v – Jahreseinkommen der im produzierenden Bereich Beschäftigten
a – produktive Akkumulation
p – gesellschaftliches Gesamtprodukt

Er umfaßt Aufwands- und Ergebnisgrößen, die in der volkswirtschaftlichen Gesamtrechnung unmittelbar vorliegen.

Die Relation zwischen den „gesellschaftlichen Reproduktionsaufwendungen", unter denen die Gesellschaft das entsprechende gesellschaftliche Produkt erzeugt, und dem gesellschaftlichen Produkt wird von *V. Nachtigal* als Ausdruck der volkswirtschaftlichen Effektivität angesehen; verringert sich der Koeffizient, so steigt die Effektivität und umgekehrt.

Der Vorteil dieser Kennziffer besteht darin, daß nicht die Bestände erfaßt werden, sondern nur der in einem Jahr getätigte Aufwand (laufender und einmaliger). Damit entfällt das komplizierte Problem, Bestände und Aufwand vergleichbar zu machen. Allerdings wird so der Bereich, in dem Aussagen über die Effektivität getroffen werden können, eingeschränkt, denn der Aufwand kann nicht als ausreichender Indikator für die Bestände angesehen werden. Beispielsweise bilden die Abschreibungen nur einen geringen Teil der Grundmittel und auch des gesellschaftlichen Gesamtprodukts, sie erfassen nicht das volle ökonomische Gewicht der Grundmittel im Reproduktionsprozeß. Außerdem ist ihre Höhe nicht ausreichend begründet, insbesondere, was den moralischen Verschleiß betrifft. Demgegenüber machen die Materialbestände nur einen kleinen Teil des Materialverbrauchs aus. Ein anderes Problem des Reproduktionsaufwands ist im Materialverbrauch zu sehen; seine Höhe wird einmal von Änderungen der gesellschaftlichen Arbeitsteilung beeinflußt, und zum anderen wird die im Material vergegenständlichte Arbeit von Produktionsstufe zu Produktionsstufe immer wieder von neuem erfaßt.[8]

7 Vgl. V. Nachtigal, Zur Frage der Kriterien Extensität, Intensität und Effektivität des wirtschaftlichen Wachstums, in: Politicka ekonomie, H. 3/1966, S. 175 (tschech.)

8 Näheres hierzu siehe bei A. Bečin, Die Kategorien der Reproduktion und die Methodologie der volkswirtschaftlichen Analyse, in: Voprosy ekonomiki, H. 2/1964, S. 111ff.

Ein besonderes Problem des Reproduktionskoeffizienten ist das darin enthaltene Jahreseinkommen der im produzierenden Bereich Beschäftigten. Das Jahreseinkommen kann nicht ohne weiteres als Reproduktionsaufwand der Arbeitskraft bezeichnet werden, da es einerseits Bestandteile enthält, die wieder an den Staat oder andere Institutionen abgeführt werden, es aber andererseits wesentliche Aufwendungen nicht erfaßt, die von der Gesellschaft für die einfache und erweiterte Reproduktion der Arbeitskraft getragen werden.

3. *Bestands- und Aufwandskombination*

Kombinierte Kennziffern, die Bestand *und* Aufwand unter Anwendung verschiedener Gewichtungsfaktoren zusammenfassen, führen durch die Umrechnung des Bestandes zwecks Vergleichbarmachen mit dem Aufwand wieder zu *kombinierten Aufwandskennziffern.*

a) *Kombinierte Fonds- und Arbeitsintensität der Produktion (nach G. Köhler/H. Steeger/K. Steinitz)*[9]

$$F_i \cdot 0{,}3 \cdot 0{,}2 + A_i$$

F_i – Fondsintensität der Produktion

A_i – Arbeitsintensität der Produktion $\left(\frac{\text{Aufwand in Arbeitsstunden}}{\text{Produktion}}\right)$

0,3 – Stunden voller Arbeitsaufwand für eine Einheit Fonds

0,2 – Normativkoeffizient des Nutzeffekts bei Investitionen

Diese Kennziffer wurde von *G. Köhler/H. Steeger/K. Steinitz* für die komplexe Einschätzung der Effektivitätsentwicklung der gesellschaftlichen Arbeit in einzelnen Bereichen und Zweigen der Volkswirtschaft ausgearbeitet, weil sie das Verhältnis von Nationaleinkommen zu Beschäftigten, allerdings unter Heranziehung der Fondsquote, für eine zusammenfassende Einschätzung der Effektivität der Volkswirtschaft als ausreichend ansehen. Es spricht jedoch im Prinzip nichts dagegen, diese Kennziffer auch für eine Einschätzung der Effektivität der Volkswirtschaft zu verwenden.[10]

9 G. Köhler/H. Steeger/K. Steinitz, Kriterien zur Bestimmung der ökonomischen Effektivität der Entwicklung der gesamten Volkswirtschaft und der einzelnen Zweige im Perspektivplan, in: Wirtschaftswissenschaft, H. 3/1966, S. 383

10 Die „kombinierte Fonds- und Arbeitsintensität der Produktion“ wird auch von A. Braun als Vorschlag für eine synthetische Kennziffer des Nutzeffekts der gesellschaftlichen Arbeit behandelt. (Vgl. A. Braun, Probleme der Messung der volkswirtschaftlichen Effektivität mit Hilfe einer synthetischen Kennziffer des Nutzeffekts der gesellschaftlichen Arbeit, in: Wirtschaftswissenschaft, H. 6/1968, S. 934)

Diese Kennziffer kann, da konkrete Koeffizienten für die Vergleichbarmachung verschiedener Aufwandsarten angegeben sind, ohne weitere Untersuchungen sofort für praktische Berechnungen angewendet werden; dabei ist die Gewichtung so gewählt, daß keinem Faktor eine Vorrangstellung eingeräumt wird. Allerdings enthält die Umrechnung der Produktionsfonds in Arbeitsstunden durch den Faktor 0,3 große Unsicherheitsmomente, weiterhin ist die Anwendung des Normativkoeffizienten des Nutzeffekts und für diesen wiederum die Höhe von 0,2 nicht exakt begründet. Der Normativkoeffizient des Nutzeffekts bezieht sich auf einzelne Investitionsobjekte und stellt eine Mindestanforderung an die Fondsrentabilität dar, seine Anwendung bei der volkswirtschaftlichen Effektivitätsmessung ist jedoch ökonomisch nicht zu begründen, weil damit Teile des Nationaleinkommens in den Aufwand einbezogen werden, die nicht mit der Reproduktion der Produktionsmittel zusammenhängen.

b) Kostenkennziffer *(nach K. Bichtler/H. Maier)*[11]

$$Agi = \frac{AK_i h_i l_i + B_i n_i + Pm_i r_i + Pm_i a_i}{P_i}$$

Ag – Arbeitsaufwand pro Mengeneinheit des volkswirtschaftlichen Gesamtprodukts, ausgedrückt in Geldeinheiten
P – Erzeugnismenge des volkswirtschaftlichen Gesamtprodukts
AK – Menge der eingesetzten Arbeitskräfte (einschließlich der in Forschung und Entwicklung Beschäftigten)
Pm – Menge der eingesetzten Produktionsmittel (einschließlich der in Forschung und Entwicklung eingesetzten)
B – Bestand an Bildungsfonds (die im Qualifikationsniveau der Arbeitskräfte materialisierten Bildungsaufwendungen)
h – Durchschnittszahl der Arbeitsstunden pro Beschäftigten
l – Durschschnittslohn pro Arbeitsstunde
r – Amortisationsrate der eingesetzten Produktionsmittel
a – Produktionsfondsabgabe (Zinssatz)
n – Rate des jährlichen Aufwands an Bildungsfonds

Zur Einschätzung der Erhöhung des Nutzeffekts der gesellschaftlichen Arbeit schlagen die Verfasser vor, eine Größe $F_{i,0}$ zu bilden:

$$F_{i,0} = \frac{P_i}{P_0} : \frac{AK_i h_i l_0 + B_i n_0 + Pm_i r_0 + Pm_i a_0}{AK_0 h_0 l_0 + B_0 n_0 + Pm_0 r_0 + Pm_0 a_0}$$

Ist $F_{i,0} > 1$, so liegt im Zeitraum von 0 bis 1 ein technischer Fortschritt vor.

11 K. Bichtler/H. Maier, Die Messung des Arbeitsaufwandes als politökonomisches Problem, in: Probleme der politischen Ökonomie, B. 10, Berlin 1967, S. 130 und 135 f.

Bei der Kennziffer *Agi* wird durch Einbeziehung des Aufwands für Bildung sowie für Forschung und Entwicklung der Umfang der Effektivitätsermittlung gegenüber anderen Kennziffern erweitert. Jedoch ist die Umrechnung der Bestandsgrößen in Aufwandsgrößen teilweise recht problematisch. Zum Beispiel hat die Produktionsfondsabgabe zwei wesentliche Funktionen, zum einen eine Steuerungsfunktion, um Mittel für staatliche Investitionen zu zentralisieren, zum anderen eine Hebelfunktion, um die rationelle Nutzung der Produktionsfonds zu gewährleisten. Wie sie für die Umrechnung der Produktionsfonds in Aufwand angewendet werden kann, müßte jedoch gesondert analysiert und begründet werden. Außerdem wird auch in dieser Kennziffer das ökonomische Gewicht der Produktionsfonds nicht ausreichend durch die Abschreibungen erfaßt; das gleiche gilt in noch stärkerem Maße für den (jährlichen) Aufwand an Bildungsfonds.

Die als Beispiele angeführten kombinierten Kennziffern unterscheiden sich in ihrer Komponente „Gesamtaufwand" hauptsächlich

- nach der mehr oder weniger umfassenden Einbeziehung der verschiedenen Aufwands- und Bestandsarten
- nach dem Ausgangspunkt der Errechnung des Aufwands (sie gehen von Bestandsgrößen oder vom einmaligen und laufenden Aufwand aus)
- nach den verschiedenen Bestandteilen des Mehrprodukts, die in den Aufwand einbezogen werden
- und somit nach einer unterschiedlichen Erfassung der in den Effektivitätskennziffern zum Ausdruck kommenden Zielproblematik.

Diese Unterschiede lassen erkennen, daß keine übereinstimmende Auffassung zum Inhalt eines solchen „Gesamtaufwands" besteht.

Die Bestimmung des Inhalts des „Gesamtaufwands" hängt vor allem mit der Lösung von vier eng miteinander verflochtenen *theoretischen Problemen* zusammen.

1. Ein „Gesamtaufwand" müßte die *unterschiedlichen ökonomischen Funktionen* der grundlegenden Faktoren des Reproduktionsprozesses[12] gleichzeitig und ihrer ökonomischen Bedeutung entsprechend widerspiegeln, also auch die Funktion im Arbeits- und Wertbildungsprozeß berücksichtigen. Jedoch wird bei der Zusammenfassung von Bestands- und Bewegungsgrößen in einem Bezugszeitraum der Bestand unter Anwendung von Gewichtungsfaktoren wieder in Aufwand umgerechnet, und seine spezifischen Wirkungen im Arbeitsprozeß, in dem er als Ganzes fungiert, können nicht mehr voll erfaßt werden.

[12] Arbeitskraft, Arbeitmittel, Arbeitsgegenstand sowie auch Wissenschaft, Bildung u. a. m.

Zur Einschätzung der Effektivitätsentwicklung können aber die Probleme der rationellen Bestandsausnutzung nicht außer acht gelassen werden. Diese Problematik ergibt sich z. B. bei der gegenwärtig erhobenen Forderung, zur Ermittlung der Effektivität die Kennziffern Fondsintensität und Arbeitsproduktivität zu addieren, was manchmal sogar als ein Hauptproblem der volkswirtschaftlichen Effektivitätsrechnung betrachtet wird. Dazu wäre weiterhin zu klären, ob sich der Bestand an Produktionsmitteln überhaupt mit dem Aufwand an lebendiger Arbeit zusammenfassen läßt, da beide ganz unterschiedliche Effekte hervorbringen. *H. Nick* vertritt z. B. die Auffassung, daß man Bestands- und Bewegungsgrößen nicht addieren könne, „weil es sich um unvergleichbare Größen, Größen verschiedener qualitativer Dimensionen handelt"[13], und daß Arbeitsintensität (als Kehrwert der Arbeitsproduktivität – R. S.) und Fondsintensität nicht addierbar sind.[14]

Es ist daher notwendig, in der volkswirtschaftlichen Effektivitätsrechnung sowohl aufwandsbezogene Kennziffern (wie Arbeitsproduktivität, Materialintensität) als auch bestands- bzw. fondsbezogene Kennziffern (wie Produktionsfondsintensität, Bildungsfondsintensität) zur Einschätzung der Effektivität zu verwenden.

2. Die *Art und Weise der Gewichtung des Bestandes* bei der Umrechnung in Aufwand ist ein weiteres Problem der „Gesamtaufwands"-Kennziffern. Bekanntlich kommt die echte ökonomische Verbindung zwischen Bestand und Aufwand in der *Umschlagszeit* zum Ausdruck. Wird nun der Bestand mit einem anderen *Faktor* gewichtet, z. B. mit dem Produktionsfondsabgabesatz, einer Zinsrate, einem normativen Nutzeffektskoeffizienten oder ähnlichem, so werden zusätzlich zum tatsächlichen Aufwand für die einfache Reproduktion verschiedene Bestandteile des Mehrprodukts für die erweiterte Reproduktion in den Aufwand einbezogen. Die genannten Gewichtungsfaktoren sind außerdem für die Effektivitätsermittlung nicht *ausreichend ökonomisch begründet*, da sie aus anderen Funktionen abgeleitet sind, so die Produktionsfondsabgabe aus der Steuer- und Hebelfunktion, die Zinsrate zum Teil aus der Verteilung des Nationaleinkommens[15] und der normative Nutzkoeffizient aus der geforderten Rücklauffrist der Investitionen.

3. Mit der Einbeziehung verschiedener Bestandteile des Mehrprodukts entsteht die grundsätzliche Frage der richtigen volkswirtschaftlichen Er-

[13] H. Nick, Technische Revolution und Ökonomie der Produktionsfonds, a. a. O., S. 90 (Fußnote)

[14] Vgl. ebenda, S. 66

[15] Vgl. H. Neumann, Die Fondseffektivität und ihre Messung, Habilitätsschrift, Dresden 1968

fassung des Reproduktionsaufwands überhaupt, die weit über die Problematik der Bestands- und Aufwandszusammenfassung hinausgeht und noch ungelöste theoretische Probleme berührt. Das betrifft zum Beispiel auch die Frage, ob die gegenwärtig vorherrschende Auffassung vom notwendigen Produkt als individuelle Konsumtion der im produzierenden Bereich Beschäftigten beibehalten werden kann.

4. Mit der Ermittlung des Reproduktionsaufwands ist weiterhin die Frage nach dem Umfang der produktiven, d. h. neuwertschaffenden Arbeit im Sozialismus verbunden. Je nachdem, ob dieser Begriff enger oder weiter

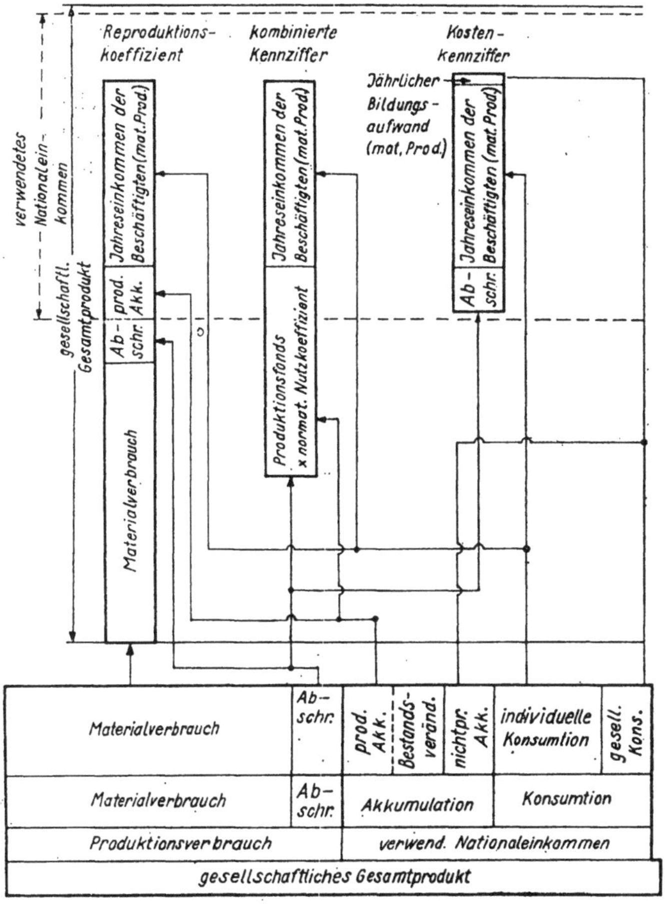

Abb. 2: Vergleich der Struktur des Aufwands einiger Effektivitätskennziffern der Volkswirtschaft (am Beispiel eines Jahres)

gefaßt ist, wird sich die Größe des Reproduktionsaufwands des produzierenden Bereichs der Volkswirtschaft entsprechend ändern.

Um die praktische Anwendbarkeit eines „Gesamtaufwands" zu prüfen, wurden mit einigen Vorschlägen für kombinierte synthetische Effektivitätskennziffern nach vorhandenen statistischen Daten Versuchsberechnungen durchgeführt.[16] Auch von dieser praktischen Seite her ergeben sich Schwierigkeiten und Probleme, von denen drei kurz charakterisiert werden sollen:

1. Die einzelnen kombinierten Kennziffern haben einen unterschiedlichen Inhalt und eine unterschiedliche Struktur (vergleiche Abbildung 2). Hieraus folgen sehr *differenzierte Aussagen über die Entwicklung der volkswirtschaftlichen Effektivität*, die sich zeitweise sogar in entgegengesetzten Tendenzen der Kennziffern darstellen, und es zeigt sich damit, daß jede dieser Kennziffern praktisch doch nur für bestimmte Teilbereiche gültig ist und keine dieser Kennziffern zuverlässige Gesamtaussagen über die Entwicklung des volkswirtschaftlichen „Gesamtaufwands" liefert (vergleiche als Beispiel Abbildung 3).

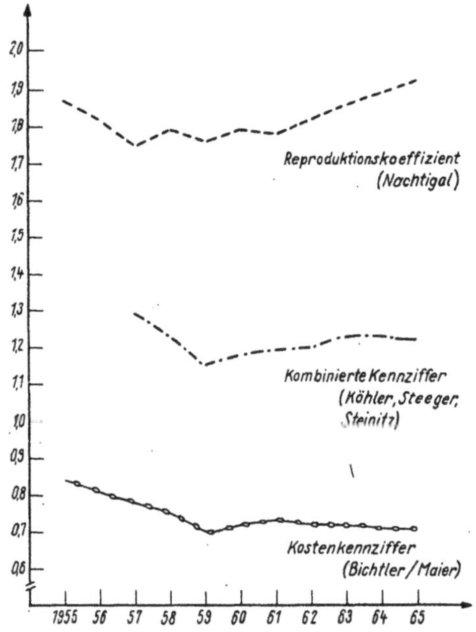

Abb. 3: Effektivitätskennziffern (Basis Nationaleinkommen)

[16] Alle Kennziffern wurden zur Vergleichbarmachung auf das Nationaleinkommen bezogen.

2. Im Gegensatz dazu besteht eine *weitgehende Übereinstimmung* zwischen den Aussagen bestimmter *Grundkennziffern* (wie Arbeitsproduktivität, Fondsintensität, Materialintensität, Lohnintensität und andere) und bestimmter *kombinierter Kennziffern*. Diese übereinstimmenden Tendenzen ergeben sich nicht aus den bei der Berechnung vorgenommenen gewissen Vereinfachungen der Kennziffern, sondern – zwar ganz trivial, aber logisch – aus der Konstruktion der kombinierten Kennziffern. Die von den kombinierten Kennziffern beschriebenen Entwicklungstendenzen der Effektivität stimmen weitgehend mit den von den Grundkennziffern beschriebenen Entwicklungstendenzen überein, wenn die Grundkennziffern aus *der* Aufwandsart gebildet sind, die den größten Anteil am Gesamtaufwand der kombinierten Kennziffern einnimmt. Zum Beispiel hat den größten Anteil an der Kostenkennziffer für die einfache Reproduktion der Lohn, dementsprechend zeigt die Kostenkennziffer die gleiche Entwicklungstendenz wie die Arbeitseinkommensintensität[17] (vergleiche Abbildung 4).

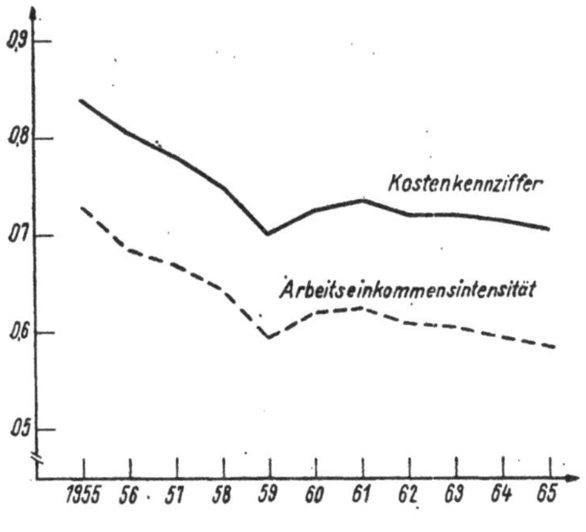

Abb. 4: Vergleichskurven

3. Bemerkenswert ist weiterhin die Tatsache, daß die für das Wachstum wichtigsten Faktoren – Entwicklung der Anzahl der Arbeitskräfte und ihrer Arbeitsfähigkeit, insbesondere der Bildung, sowie der Bestand an Grundmitteln und die Bewegung der Investitionen – im allgemeinen den *zahlenmäßig geringsten Anteil am „Gesamtaufwand"* der kombinierten Kennziffern ausmachen. Zum Beispiel fällt der jährliche Aufwand für Bildung – abgeleitet aus dem Bildungsfonds – bei der Kostenkennziffer fast

[17] Arbeitseinkommensintensität – jährliches Arbeitseinkommen der im produzierenden Bereich Beschäftigten in Relation zum Nationaleinkommen.

überhaupt nicht ins Gewicht. Hier zeigt sich wieder die schon bei den theoretischen Überlegungen erwähnte einseitige Aussage des „Gesamtaufwands". Es sind aber zwei verschiedene Zusammenhänge zwischen den das Wachstum verursachenden Faktoren und ihrem Ergebnis zu berücksichtigen. Einerseits bewirken die Faktoren einen bestimmten Aufwand, der teilweise nur einen geringen Anteil am Gesamtaufwand einnimmt und dann auch nur geringes Gewicht hat. Andererseits wirken die Faktoren als Ursache des Wachstums. In diesem Zusammenhang haben sie einen großen Anteil am Ergebnis und müßten entsprechend stark gewichtet werden.

Diese Schwierigkeiten sind eine Ursache dafür, daß kombinierte synthetische Kennziffern bislang noch nicht in der Praxis bei der volkswirtschaftlichen Gesamtrechnung angewendet wurden.

Die aufgeworfenen Fragen lassen auch die Schwierigkeiten erkennen, die bei der Anwendung einer *einzigen synthetischen Kennziffer* für die Einschätzung einer so komplexen Größe wie der volkswirtschaftlichen Effektivität auftreten können. Eine solche Kennziffer könnte schwerlich die tatsächlich bestehenden komplizierten Zusammenhänge widerspiegeln, die sich beim Wachstum einer hochentwickelten Volkswirtschaft als Resultat des Wirkens unterschiedlicher Faktoren ergeben. Das gemeinsame Wirken der unterschiedlichen Faktoren, ihre Zusammenhänge und Wechselbeziehungen erfordern deshalb, die Kennziffern in einem diesen Realitäten entsprechenden *System* zusammenzufassen, das vor allem die grundlegenden ökonomischen Beziehungen des Reproduktionsprozesses beinhaltet.

2.2. Entwicklungstendenzen synthetischer Effektivitätskriterien (Effektivitätsrelationen und Grundproportionen) auf volkswirtschaftlicher Ebene

Im vorangegangenen Abschnitt wurden einige Vorschläge für ein komplexes meßbares Effektivitätskriterium der Volkswirtschaft analysiert und zu den damit verbundenen Problemen eines volkswirtschaftlichen „Gesamtaufwands" Stellung genommen. Die Analyse ergab, daß mit einem einzigen meßbaren Kriterium die hauptsächlichen Zusammenhänge von Prozessen der volkswirtschaftlichen Effektivität nicht ausreichend erfaßt und dargestellt werden können, zumal ein solches Kriterium bisher keinen wesentlichen Informationszuwachs gegenüber schon bekannten und angewendeten Teilkriterien bringt. Deshalb soll im folgenden zu einer anderen Möglichkeit der Darstellung der volkswirtschaftlichen Effektivität übergegangen werden, zur zusammenfassenden Betrachtung der wichtigsten

Teilkriterien in einem System, das heißt zur Darstellung der gegenseitigen Zusammenhänge und der wechselseitigen Beeinflussungen dieser Teilkriterien.

Wie schon in der Einleitung vorliegender Arbeit erwähnt wurde, müßte eine solche Betrachtung sowohl die bisher gebräuchlichen Effektivitätskennziffern, wie Arbeitsproduktivität, Fondsintensität und Materialintensität umfassen, als auch bestimmte volkswirtschaftliche Grundproportionen, wie Mehrprodukt zu notwendigem Produkt, Akkumulation zu Konsumtion und Ersatzfonds zu Nationaleinkommen. Eine isolierte Einschätzung der Effektivität nur auf Grund von Effektivitätsrelationen kann vor allem dem Gesetz der planmäßigen proportionalen Entwicklung unter den Bedingungen einer vorwiegend intensiv erweiterten Reproduktion nicht genügend Rechnung tragen und die Erfordernisse einer den Gesamtbedürfnissen gemäßen Verteilung der gesellschaftlichen Arbeit nicht ausreichend berücksichtigen.

2.2.1. Forderungen nach einem System von Effektivitätskriterien

Ein System von Effektivitätskriterien wird schon seit längerer Zeit gefordert. Zum Beispiel schreibt *H. Nick*, „daß der volkswirtschaftliche Nutzeffekt der Arbeit vor allem, aber nicht *allein* an der Entwicklung des Nationaleinkommens gemessen werden kann.“ [18] Er schlägt ein *System* der Kennziffern des volkswirtschaftlichen Nutzeffekts vor, das offenbar folgende Elemente enthalten müßte: Gesamtprodukt, Endprodukt, Nettoprodukt, Konsumtionsfonds, und untersucht insbesondere den Zusammenhang zwischen den Nutzeffektskriterien der Produktionsstufe und den volkswirtschaftlichen Effektivitätskriterien.

Auch *H. Maier/K. Steinitz* heben den Systemzusammenhang in der Effektivitätsproblematik hervor, indem sie bemerken: „Zwischen diesen Prozessen der Effektivitätsentwicklung bestehen teilweise gegenläufige Beziehungen. Eine isolierte Betrachtung einzelner Aufwands- und Ergebnisgrößen führt insbesondere aus diesem Grund zu einseitigen und damit auch falschen Einschätzungen des ökonomischen Wachstumsprozesses.“ [19] Ganz deutlich wird dieser Sachverhalt noch einmal von *H. Maier* hervorgehoben: „Die Ausarbeitung eines Systems von Effektivitätskriterien und seine

[18] H. Nick, Nationaleinkommen und Gewinn, in: Wirtschaftswissenschaft, H. 11/1966, S. 1766f.

[19] H. Maier/K. Steinitz, Ziel und Kriterien des ökonomischen Wachstums im Sozialismus, in: H. Maier/G. Schilling/K. Steinitz, Zu Grundfragen der sozialistischen Wachstumstheorie, a. a. O., S. 31

Darstellung im Rahmen eines Modellsystems ist ohne Zweifel eine vordringliche Aufgabe der Wachstumsforschung."[20]

Eine spezielle Arbeit zu diesem Thema wurde von *W. Marschall* vorgelegt unter dem Titel „Zum System der Effektivitätskriterien". Neben einem nicht näher bestimmten volkswirtschaftlichen Effektivitätskriterium erhebt er die Forderung nach einem *System* von Effektivitätskriterien, das folgende Ebenen umfassen soll:

„a) Kriterien für einzelne Prozeßstufen und für übergeordnete Stufen des gesellschaftlichen Reproduktionsprozesses im hierarchischen Aufbau;

b) Kriterien für einzelne Sphären des gesellschaftlichen Reproduktionsprozesses;

c) Kriterien zur Darstellung der volkswirtschaftlichen Effektivität."[21]

Zum Inhalt und besonders zum Zusammenhang zwischen einzelnen Elementen des Systems werden keine näheren Ausführungen gemacht.

A. Braun fordert ebenfalls ein *System* der volkswirtschaftlichen Effektivitätsrechnung und weist insbesondere auf die Berücksichtigung folgender Aspekte hin: „... die Verbindung des maximalen Zuwachses des Nationaleinkommens mit den Zielen der Teilsysteme der Volkswirtschaft, die Komplexität der Effektivitätsentwicklung ..., die Auswirkungen von Strukturveränderungen auf die volkswirtschaftliche Effektivität ..., die Verbindung zwischen erzeugnisbezogener Effektivitätsrechnung und Effektivitätsrechnung nach Verantwortungsbereichen, der Ausbau der Faktoranalyse und die Aufdeckung von Tendenzen und Gesetzmäßigkeiten der volkswirtschaftlichen Effektivitätsentwicklung."[22]

Vom Gesichtspunkt der volkswirtschaftlichen Gesamtrechnung heben *H. Braß/G. Köhler* hervor, „daß der volkswirtschaftliche Reproduktionsprozeß in seiner Gesamtheit unter Beachtung der objektiv gegebenen Zusammenhänge dargestellt wird" und „daß die objektiven Wechselbeziehungen des volkswirtschaftlichen Reproduktionsprozesses in einem *System miteinander verbundener Modelle dargestellt werden und das Optimum der volkswirtschaftlichen Gesamtentwicklung* ermittelt wird"[23]. Hier ist auch der Ge-

[20] H. Maier, Probleme des intensiven ökonomischen Wachstums im Sozialismus unter den Bedingungen der wissenschaftlich-technischen Revolution, in: Wirtschaftswissenschaft, H. 1/1970, S. 26

[21] W. Marschall, Zum System der Effektivitätskriterien, a. a. O., S. 171

[22] A. Braun, Probleme der Messung der volkswirtschaftlichen Effektivität mit Hilfe einer Kennziffer des Nutzeffekts der gesellschaftlichen Arbeit, a. a. O., S. 928f.

[23] H. Braß/G. Köhler, Volkswirtschaftliche Gesamtrechnung – ein Instrument volkswirtschaftlicher Strukturpolitik, in: Wirtschaftswissenschaft, H. 4/1968, S. 531

danke enthalten, daß ein System volkswirtschaftlicher Effektivitätskriterien sich in einzelne Teilbereiche untergliedert.

Auch in der ökonomischen Literatur der Sowjetunion und einiger Volksdemokratien wird in jüngster Zeit verstärkt die Forderung nach einem System von Effektivitätskriterien erhoben, wobei konkrete Vorschläge gemacht werden, welche Kriterien das System enthalten müßte. Hier seien nur einige Beispiele genannt: *A. Dorovskich* ist der Meinung, daß ein Kennziffernsystem notwendig ist, „das in seiner Gesamtheit die wichtigsten Tendenzen der Effektivität der Reproduktion insgesamt und ihrer einzelnen Seiten charakterisieren würde,“[24] und nennt die Anforderungen, die an ein solches Kennziffernsystem gestellt werden müßten.

K. Kostow vertritt die Ansicht, daß die Erscheinungen und Prozesse der materiellen Produktion nur mit einem System von Kennziffern zu messen und zu bewerten sind. Er schreibt: „Diese Vielfalt von Erfordernissen und spezifischen Anforderungen kann nur von einem Gesamtsystem von Kennziffern erfüllt werden, die in ihrer gegenseitigen Verflechtung und wechselseitigen Bedingtheit die Veränderungen vollständig charakterisieren können, die in den einzelnen Erscheinungen und Prozessen der materiellen Produktion eingetreten sind.“[25]

V. K. Poltorygin schlägt ein System von Effektivitätskennziffern vor, das aus einem Hauptkriterium, der Relation zwischen dem Nationaleinkommen und der Summe von Arbeitslohn und Produktionsfonds, und anderen Kriterien besteht, wie das Verhältnis zwischen Akkumulation und Konsumtion, die Arbeitsproduktivität, die Selbstkosten pro Rubel Investitionen, die Fondsrentabilität, die Fondsquote.[26]

K. Rešetinskij ist der Auffassung, daß die Messung der Effektivität „nur mit Hilfe eines Kennziffernsystems möglich (ist), das sämtliche grundlegenden Aspekte des Nutzeffekts der gesellschaftlichen Produktion entsprechend der sozialökonomischen Struktur der Volkswirtschaft widerspiegelt“[27] und die einzelnen Ebenen der Volkswirtschaft berücksichtigt. Er nennt weiterhin die Hauptanforderungen an das System und die einzelnen Elemente des Systems der Kennziffern auf volkswirtschaftlicher Ebene.

24 A. Dorovskich, Kennziffernsystem der Effektivität der gesellschaftlichen Reproduktion, in: Planovoe chozjajstvo H. 3/1968, S. 71

25 K. Kostow, Über die Kennziffern zur Messung des Nutzeffekts der gesellschaftlichen Produktion, in: Planowo stopanstwo, Sofia, H. 10/1968, S. 2 (bulg.)

26 V. K. Poltorygin, Ekonomičeskie metody rasčeta effektivnosti proizvodstva, a. a. O., S. 30

27 K. Reschetinski, Zum System volkswirtschaftlicher Kennziffern des ökonomischen Nutzeffekts der gesellschaftlichen Produktion, in: Statistische Praxis, H. 5/1969, S. 283

M. Čistjakov schreibt: „Um die Planung der Effektivität der gesellschaftlichen Produktion zu vervollkommnen, muß ein einheitliches System zusammenhängender Kennziffern aufgestellt werden, das die Effektivität wichtiger Wachstumsfaktoren und des Produktionsresultats auf verschiedenen Ebenen der Volkswirtschaft charakterisiert. Solche verallgemeinernden Kennziffern sind deshalb notwendig, weil die Dynamik der verschiedenen Effektivitätskennziffern sowohl nach dem Niveau als auch nach der Richtung der Veränderungen häufig nicht übereinstimmt."[28] Dieser Meinung kann man durchaus zustimmen.

Die Forderung nach einem System von Effektivitätskriterien nimmt immer breiteren Raum ein. Es gibt jedoch die unterschiedlichsten Vorstellungen darüber, welche Bestandteile dieses System enthalten soll. Hierin zeigt sich die ganze Kompliziertheit dieser Problematik. Im allgemeinen besteht eine einheitliche Auffassung darüber, daß das Nationaleinkommen im Mittelpunkt des Systems stehen und seine Beziehungen zu den Arbeitskräften und Produktionsmitteln unter Beachtung ihrer gegenseitigen Wechselbeziehungen dargestellt werden müssen. Außerdem werden solche Effektivitätskriterien gefordert, die die Verbindung zwischen der Erfüllung der Ziele und Aufgaben der Teilbereiche und der gesamten Volkswirtschaft widerspiegeln.

Die oben genannten Verfasser weisen auf wesentliche Aspekte von Systemzusammenhängen volkswirtschaftlicher Effektivitätskriterien hin. Diese Gedanken müßten in der Richtung weitergeführt werden, daß nicht nur der Zusammenhang zwischen einzelnen Kriterien, sondern innerhalb des ganzen Komplexes aller wichtigen volkswirtschaftlichen Kriterien erfaßt wird. Dazu ist es erforderlich, die Zusammenhänge, Wechselwirkungen und Rangordnungen der Kriterien in einem System zu bestimmen. Die Untersuchung dieser Zusammenhänge müßte, soweit es möglich ist, bis zur mathematischen Darstellung geführt werden.

2.2.2. Zu einigen Aspekten des komplexen Zusammenhangs synthetischer volkswirtschaftlicher Effektivitätskriterien

Alle mit der Effektivität des sozialistischen Reproduktionsprozesses verbundenen Probleme sind aus dem ökonomischen Grundgesetz des Sozialismus (Kommunismus) abzuleiten und stehen im unmittelbaren Zusammenhang mit dem komplexen Wirken der ökonomischen Gesetze des Sozia-

[28] M. Čistjakov, Kennziffernsystem der Effektivität der gesellschaftlichen Produktion, in: Ekonomičeskaja gazeta, H. 34/1972, S. 10

lismus. Hieraus ergibt sich das Grunderfordernis für ein System volkswirtschaftlicher Effektivitätskriterien, von der gesellschaftlichen Zielstellung und Bedingtheit der Effektivitätskriterien und -faktoren auszugehen.

Die umfassende und allseitige Gestaltung der entwickelten sozialistischen Gesellschaft erfolgt auf der Grundlage des sozialistischen Reproduktionsprozesses; es handelt sich um einen alle Bereiche des gesellschaftlichen Lebens umfassenden Prozeß, der in die ständige Erhöhung des materiellen Lebensniveaus, die allseitige Entwicklung sozialistischer Persönlichkeiten und der sozialistischen Produktionsverhältnisse mündet. Die Reproduktion der „materiellen Existenzbedingungen und ihrer gegenseitigen Verhältnisse“[29] bildet hierbei die Grundlage der sozialistischen Gesellschaft. Ziel ist die Erreichung einer höchstmöglichen Effektivität für die gesamte sozialistische Gesellschaft. *E. Honecker* bemerkte in diesem Zusammenhang auf dem VIII. Parteitag der SED: „Die für die Lösung der Hauptaufgabe des Fünfjahrplans erforderliche weitere Stärkung der materiell-technischen Basis des Sozialismus verlangt einen bedeutenden Anstieg der Arbeitsproduktivität und der Effektivität der Arbeit in der ganzen Wirtschaft.“[30] Weiter heißt es: „Für unsere Gesellschaft ist die Wirtschaft Mittel zum Zweck, Mittel zur immer besseren Befriedigung der wachsenden materiellen und kulturellen Bedürfnisse des werktätigen Volkes.“[31]

Diese Wechselbeziehungen zum Gesamtprozeß der sozialistischen Reproduktion verlangen, daß die Effektivitätsbetrachtung nicht nur auf den Produktionsprozeß im engen Sinne bezogen wird, sondern alle Sphären der sozialistischen Reproduktion und gesamtgesellschaftliche Faktoren umfaßt. Hierbei stellt sich die Frage, „. . . wie der *gesamte* Reproduktionsprozeß zielstrebig in den Dienst der besseren Befriedigung der materiellen und kulturellen Bedürfnisse des Volkes gestellt werden kann, so daß die Qualität des Reproduktionsprozesses im ganzen sich verändert.“[32]

Die marxistisch-leninistische Reproduktionstheorie bildet eine wichtige Grundlage für eine theoretisch begründete Wirtschaftspolitik. Das findet seinen Ausdruck in den auf dem VII. Parteitag der SED begründeten Aufgaben des ökonomischen Systems des Sozialismus: „. . . die proportionale Entwicklung unserer Volkswirtschaft mit einer hocheffektiven ökonomischen Struktur auf der Grundlage einer planmäßigen prognostischen Arbeit, den wissenschaftlich-technischen Höchststand der entscheidenden Er-

[29] K. Marx, Das Kapital, Dritter Band, a. a. O., S. 826

[30] E. Honecker, Bericht des Zentralkomitees an den VIII. Parteitag der SED, a. a. O., S. 43

[31] Ebenda, S. 39

[32] H. Nick, Zum historischen Platz und zu den Grundaufgaben der entwickelten sozialistischen Gesellschaft, in: Wirtschaftswissenschaft, H. 10/1972, S. 1471

zeugnisse, der Technologie und der Organisation der Produktion sowie ein modernes Planungs- und Leitungssystem ..."[33]

Die zentralen Wirtschaftsorgane benötigen zur Analyse und Prognose für die Leitung und Planung dieser Prozesse einen Komplex von Kriterien, der die Effektivität der Entwicklung des Reproduktionsprozesses widerspiegelt und mit dessen Hilfe ein aktiver Einfluß zur Erreichung der aufgestellten Ziele ausgeübt werden kann. Es ist eine wichtige Aufgabe – worauf schon im ersten Kapitel hingewiesen wurde –, den der Gesellschaft zur Verfügung stehenden gesamten Zeitfonds so zu verteilen, daß die materiellen und geistigen, produktiven und konsumtiven Bedürfnisse der Gesellschaft in richtigen Proportionen befriedigt werden können. Die Zeitverteilung ist eng mit jenem wichtigen Aspekt der Bedürfnisbefriedigung verbunden, der die Entfaltung schöpferischer Fähigkeiten der Menschen im Produktions- und Konsumtionsprozeß umfaßt und der ein Wachstum des Anteils schöpferischer Tätigkeiten erfordert. Weiterhin geht es insbesondere um zwei wichtige Seiten der Zeitverteilung: um die für die gesamte Gesellschaft notwendige Arbeitszeit (für Produkte und Leistungen) und die arbeitsfreie Zeit, darunter die Freizeit. Die für die gesamte Gesellschaft notwendige Arbeitszeit erfordert ihrerseits bestimmte Proportionen zwischen produktiv und nichtproduktiv verausgabter Arbeitszeit, zwischen notwendiger Arbeitszeit (in engerem Sinne) und Mehrarbeitszeit, zwischen den Arbeitszeiten, die auf die verschiedenen Bereiche der Produktion entfallen usw. Bei der arbeitsfreien Zeit ist ebenfalls die Einhaltung bestimmter Proportionen erforderlich, wie zum Beispiel zwischen der Zeit für ehrenamtliche gesellschaftliche Tätigkeit, für Hausarbeit, für Bildung, für Sport und Erholung.

Mit der vollen Entfaltung der sozialistischen Produktionsweise können sich diese Proportionen zugunsten der schöpferischen Tätigkeit und der Freizeit verändern, was mit den ständig wachsenden Produktivkräften verbunden ist und aus wesentlichen Veränderungen in der Bedürfnisstruktur resultiert. Die eigentliche Schwierigkeit bei der Erfassung und Planung von Veränderungen in der Zeitverteilung liegt darin, Kriterien für solche Proportionen zu finden, die zu einer höheren Effektivität führen. Grundlegend für diese Prozesse ist – darauf soll an dieser Stelle nochmals hingewiesen werden – die Erfüllung der sich aus dem ökonomischen Grundgesetz ergebenen Anforderungen unter Ausnutzung des Gesetzes der Ökonomie der Zeit und des Gesetzes der planmäßigen proportionalen Entwicklung.

[33] W. Ulbricht, Die gesellschaftliche Entwicklung in der DDR bis zur Vollendung des Sozialismus, Berlin 1967, S. 83

Aus der kurz umrissenen, vielschichtigen Problematik ergibt sich, daß eine effektive Entwicklung des sozialistischen Reproduktionsprozesses nicht mit einem oder einigen wenigen Kriterien zu erfassen ist. Die Zusammenhänge und Wechselwirkungen innerhalb des Reproduktionsprozesses sowie mit der gesamtgesellschaftlichen Entwicklung erfordern die Berücksichtigung politischer, ökonomischer, kultureller und sozialer Faktoren und Aspekte. Hieraus ergeben sich verschiedene Aufgabenstellungen und Gesichtspunkte, die, bezogen auf die Effektivität des Reproduktionsprozesses, insbesondere die Beachtung des untrennbaren Zusammenhangs zwischen Produktionsverhältnissen und Produktivkräften sowie deren Verbindung mit dem Überbau umfassen.

Neben den Zusammenhängen zwischen dem Reproduktionsprozeß und der Gesellschaft sind die inneren Beziehungen der Reproduktion von besonderer Bedeutung. Deshalb sind Komplexe oder Systeme von Effektivitätskriterien entsprechend den volkswirtschaftlichen Erfordernissen nach verschiedenen Hauptrichtungen in horizontaler und vertikaler sowie auch in komplexer und selektiver Hinsicht zu bilden. Diese einzelnen Komplexe lassen sich beispielsweise nach folgenden Gesichtspunkten gliedern:

- nach Sphären des Reproduktionsprozesses (Produktion, Konsumtion, Distribution, Austausch),
- nach Ebenen des Reproduktionsprozesses (Volkswirtschaft, Bereich, Zweig, Kombinat oder Betrieb),
- nach den Reproduktionsprozessen in den Territorien,
- nach der Stufengliederung des Reproduktionsprozesses, ausgehend von Erzeugnissen und Erzeugnissystemen,
- nach Objekten, die zu den Erzeugnissystemen gehörende Produktionssysteme und technologische Systeme umfassen.

Die in diesen Teilbereichen ablaufenden Prozesse sind untrennbar mit der Entwicklung der sozialistischen Produktionsverhältnisse verbunden: mit den Beziehungen der Menschen im Produktionsprozeß, mit der gesellschaftlichen Arbeitsteilung und Organisation der Produktion sowie der materiellen Interessiertheit. Insbesondere sind jedoch die Verteilung der Produktionsmittel und der gesellschaftlichen Arbeit auf die verschiedenen Bereiche der Volkswirtschaft sowie die sich aus der Befriedigung der Bedürfnisse zur allseitigen Entwicklung der Menschen ergebenden Bedarfskomplexe zu beachten.

Die Teilbereiche sind einerseits durch gemeinsame Ziele und gleiche gesamtgesellschaftliche Aufgabenstellung verbunden. Sie bedingen sich wechselseitig, ihre Wirkungen überschneiden sich, und sie unterliegen dem Einfluß grundlegender Faktoren des Reproduktionsprozesses; deshalb sind sie in einem Gesamtkomplex vereint. Die Effektivität des Reproduktionsprozesses in jedem dieser Teilbereiche wird andererseits von speziellen Faktoren bestimmt und erfordert spezifische Kriterien, die unterschiedliche Teilziele berücksichtigen. Beide Aspekte in einem System von Effektivitätskriterien für die gesamte Volkswirtschaft zu verbinden, ist allerdings eine noch vor uns stehende und nicht so leicht zu lösende Aufgabe, die schrittweise im Zusammenhang mit der vollen Entfaltung der entwickelten sozialistischen Gesellschaft zu bewältigen ist.

Gleichzeitig müssen die einzelnen Teilkomplexe entwickelt und vervollkommnet werden. Zur Einschätzung der Effektivität des Reproduktionsprozesses in zusammenfassenden Analysen und Prognosen auf *volkswirtschaftlicher Ebene* ist ein System von synthetischen Effektivitätskriterien erforderlich, das die wichtigsten Effektivitätsrelationen und damit verbundenen Grundproportionen des sozialistischen Reproduktionsprozesses in hochaggregierter Form umfaßt. Gerade auf volkswirtschaftlicher Ebene besteht eine enge Verbindung zu den sich ständig entwickelnden *gesellschaftlichen* Zielen und Aufgabenstellungen, deshalb muß ein System von Kriterien auf diesem Gebiet die Möglichkeit geben, die allgemeinen Anforderungen in dynamischer Form zu berücksichtigen. Grundlage bleibt jedoch die materielle Produktion, auf der alle anderen Prozesse aufbauen.

Dieses System synthetischer Effektivitätskriterien auf volkswirtschaftlicher Ebene umfaßt nur einen Ausschnitt aus der gesamten Effektivitätsrechnung. Im folgenden wird nur auf diese Problematik eingegangen; die speziellen Fragen der Effektivität auf der Bereichs-, Zweig- und Betriebsebene sowie in den Stufen, Erzeugnissystemen, Objekten usw. werden nicht untersucht.

Auf volkswirtschaftlicher Ebene spiegelt sich die Entwicklung der für die Bedürfnisbefriedigung notwendigen Mittel und Faktoren in der Dynamik der gesellschaftlichen Arbeitproduktivität wider und ist an konkreten Effektivitätsrelationen zwischen den eingesetzten Mitteln und den Ergebnissen des Reproduktionsprozesses erkennbar. Aus der Entwicklung der Bedürfnisse und der Verbindung der wissenschaftlich-technischen Revolution mit den Vorzügen der sozialistischen Gesellschaftsordnung ergeben sich Anforderungen an die Gestaltung der Grundproportionen des Nationaleinkommens. Die Dynamik der Effektivitätsrelationen und Grundproportionen ist daher eng miteinander verknüpft. Volkswirtschaftlich notwendige Effektivitätsrelationen erfordern eine hocheffektive Produktionsstruktur, die in aggregierter Form auch in den Aufkommens- und Verwendungsproportionen des Nationaleinkommens zum Ausdruck kommen muß. Die Verwendungsproportionen des Nationaleinkommens sind wiederum nicht nur entscheidend für eine allseitige Befriedigung der Bedürfnisse und für die Erfüllung der Anforderungen, die sich aus der Beschleunigung des wissenschaftlich-technischen Fortschritts ergeben, sondern enthalten gleichzeitig damit Voraussetzungen für eine weitere günstige Entwicklung der Effektivitätsrelationen. Beispielsweise hat das Wachstum der Arbeitsproduktivität über das Mehrprodukt einen entscheidenden Einfluß auf die Entwicklung der Grundproportion zwischen Akkumulation und Konsumtion in bezug auf die Befriedigung produktiver und konsumtiver Bedürfnisse. Gleichermaßen wird jedoch das Wachstum der Arbeitsproduktivität von der Gestaltung dieser Grundproportionen beeinflußt. Unter den Bedingungen der intensiv erweiterten Reproduktion wird ein hohes und kontinuierliches Wachstum der Arbeitsproduktivität über einen längeren Zeitraum nicht einfach durch eine höchstmögliche Steigerung der produktiven Akkumulation und des notwendigen Produkts erreicht. Der wachsende Einfluß von Wissenschaft und Bildung auf die materielle Produktion erfordert zum Beispiel eine proportionale Entwicklung der dafür erforderlichen nichtproduktiven Akkumulation oder gesellschaftlichen Konsumtion. Eine Vernachlässigung dieser Bereiche über einen längeren Zeitraum würde sich ebenso als ein Hemmnis für das weitere Wachstum der Arbeitsproduktivität erweisen wie die Vernachlässigung der produktiven Akkumulation.

Diese gegenseitigen Abhängigkeiten der Effektivitätsrelationen und Grundproportionen müssen in einem System von Effektivitätskriterien, das eine Einschätzung der Effektivität des Reproduktionsprozesses in zusammenfassenden Analysen und Prognosen aus volkswirtschaftlicher Sicht ermöglichen soll, berücksichtigt werden. An ein solches System von Effektivitätskriterien auf volkswirtschaftlicher Ebene sind außerdem noch spezifische Anforderungen zu richten, wie Komplexität, Dynamik, Gewährleistung des Zusammenhangs mit anderen Teilbereichen der Volkswirtschaft, Ausbaufähigkeit. Ein *System synthetischer volkswirtschaftlicher Effektivitätskriterien* könnte deshalb nach folgenden *Gesichtspunkten* aufgebaut werden:

1. Um zusammenfassende Aussagen über die Entwicklung der Effektivität des Reproduktionsprozesses auf volkswirtschaftlicher Ebene zu ermöglichen, muß das System synthetischer Effektivitätskriterien möglichst *komplex* sein. Es muß Effektivitätsrelationen (Mittel–Ergebnis–Relationen) des Bestandes und des Aufwands, Proportionen des Bestandes und des Aufwands sowie Verteilungsproportionen des Ergebnisses in ihrer gegenseitigen Verflechtung umfassen. Bei der Untersuchung von Systemzusammenhängen volkswirtschaftlicher Effektivitätskriterien kann zunächst von einigen wesentlichen, in Planung und Statistik bisher gebräuchlichen *Effektivitätskennziffern* ausgegangen werden, die bestimmte ökonomische Kategorien widerspiegeln, wie

– Nationaleinkommen pro Kopf der Bevölkerung
– gesellschaftliche Arbeitsproduktivität (Nationaleinkommen je im produzierenden Bereich Beschäftigten bzw. je Arbeitsstunde)
– Fondsausstattung der Arbeitskraft
– Fondintensität
– Materialintensität.

Bislang wurden die Kennziffern mehr oder weniger isoliert behandelt; hier kommt es darauf an, auf der Grundlage der ihre Dynamik bestimmenden Faktoren ihre wechselseitigen Zusammenhänge und Abhängigkeiten zu erfassen.

Die bisherige praktische Erfahrung hat aber gezeigt, daß die Aussagen der genannten Effektivitätsrelationen, auch wenn ihre gegenseitigen Beziehungen beachtet werden, noch nicht ausreichen. Sie müssen durch eine Untersuchung von grundlegenden Aufkommens- und Verwendungsproportionen des Nationaleinkommens ergänzt werden, weil die Proportionalität eine wesentliche Grundlage der Effektivitätsentwicklung bildet. Hierbei kommt es vor allem darauf an, die Proportionen entsprechend der Entwicklung der Bedürfnisse im Prozeß der Intensivierung der Volkswirtschaft zu gestalten. Zunächst werden folgende wichtige *Proportionen* berücksichtigt, die bestimmte Hauptbedürfnisse des volkswirtschaftlichen Reproduktionsprozesses repräsentieren:
– Ersatzfonds zu Nationaleinkommen
– Mehrprodukt zu notwendiges Produkt
– Akkumulation zu Konsumtion
– sowie die Aufgliederung ein einzelne Bestandteile der Proportionen.

2. Synthetische volkswirtschaftliche Effektivitätskriterien sind besonders für langfristige Analysen und Prognosen der volkswirtschaftlichen Entwicklung von Bedeutung. Deshalb ist besonders auch der *dynamische Aspekt* für ein System dieser Kriterien wichtig. Die zunehmende Verflechtung der in der Volkswirtschaft vor sich gehenden Prozesse hat zur Folge, daß die Entwicklung von Effektivitätsrelationen und Grundproportionen immer mehr miteinander verbunden und voneinander abhängig ist, was in der Herausbildung notwendiger Wachstumsrelationen zum Ausdruck kommt.

Die Dynamik der Effektivitätskriterien leitet sich aus zwei Richtungen ab. Einerseits ergibt sich die *notwendige* Entwicklung aus der geplanten Befriedigung bestehender und sich neu entwickelnder Bedürfnisse der sozialistischen Gesellschaft, was insbesondere in der Entwicklung der Grundproportionen zum Ausdruck kommt. Andererseits ergibt sich die *mögliche* Entwicklung aus dem wissenschaftlich-technischen Fortschritt unter Berücksichtigung der vorhandenen Ressourcen, was insbesondere in der Entwicklung der Effektivitätsrelationen widergespiegelt wird. Unter diesen Gesichtspunkten sind folgende *Wachstumsrelationen* von Bedeutung:

- das Wachstumstempo des Nationaleinkommens pro Kopf der Bevölkerung im Vergleich zum Wachstumstempo der gesellschaftlichen Arbeitsproduktivität sowie die damit verbundenen Proportionen des Nationaleinkommens
- das Wachstumstempo der Fondsausstattung der Arbeitskraft im Vergleich zum Wachstumstempo der gesellschaftlichen Arbeitsproduktivität sowie die damit verbundenen Proportionen des Nationaleinkommens
- das Wachstumstempo von Aufkommens- und Verwendungsproportionen des Nationaleinkommens.

Aus diesen Relationen lassen sich mögliche Entwicklungsrichtungen für einen effektiven Verlauf des volkswirtschaftlichen Reproduktionsprozesses erkennen.

Die Notwendigkeit, Effektivitätsrelationen und Grundproportionen in ihrer Dynamik und in ihrem gegenseitigen Zusammenhang zu betrachten, ergibt sich vor allem aus den Erfordernissen bei der Leitung und Planung des Reproduktionsprozesses, der Einheit von Effektivität, Proportionalität und Wachstumstempo Rechnung zu tragen. Die Aufgabe der Leitungs- und Planungsorgane besteht darin, aus einer Vielzahl von möglichen Entwicklungsproportionen die im Hinblick auf die Befriedigung der Bedürfnisse und Ausnutzung der Ressourcen effektivsten Proportionen auszuwählen. Ein wesentlicher Mangel theoretischer Erörterungen besteht gerade darin, eine Analyse der Proportionen und der Effektivität getrennt vorzunehmen und die Effektivität nur als Aufwand-Ergebnis-Relation unter Vernachlässigung der Bedürfnisentwicklung aufzufassen.

Vom Standpunkt der Effektivität ist besonders wichtig, daß die zum gegenwärtigen Zeitpunkt bestehenden Proportionen wesentlich die zukünftige Entwicklung der Effektivität des Reproduktionsprozesses mit bestimmen.

3. Weitere Anforderungen an ein System synthetischer Effektivitätskriterien auf volkswirtschaftlicher Ebene bestehen in folgendem:

a) Das hier behandelte System synthetischer Effektivitätskriterien auf volkswirtschaftlicher Ebene muß so aufgebaut sein, daß der *Zusammenhang zu anderen Teilbereichen* der Effektivität im System der gesamtvolkswirtschaftlichen Effektivitätsrechnung gewährleistet ist.

Die Forderung nach effektiver Gestaltung der Prozesse gilt beispielsweise innerhalb jeder einzelnen Sphäre des Reproduktionsprozesses.

Das wichtigste Problem besteht aber in der Schaffung von effektiven Verbindungen zwischen den einzelnen Sphären, in der Schaffung notwendiger Proportionen zueinander. Das erfordert Untersuchungen über wechselseitige Abhängigkeiten und über den Einfluß einzelner Sphären auf die Effektivität der anderen Sphären.

b) Das System synthetischer Effektivitätskriterien muß weiterhin durch *Aufnahme zusätzlicher Kriterien* nach allen Richtungen vervollkommnet und vertieft werden. In diesem ersten Stadium der Ausarbeitung kann nur der Zusammenhang einiger wichtiger Bestandteile dargestellt werden. Mit dem Aufbau der entwickelten sozialistischen Gesellschaft und der Verbesserung des Leitungs- und Planungssystems werden insbesondere Effektivitätskriterien für die in nichtproduzierenden Bereichen geleistete Arbeit aufgenommen werden. Für den weiteren Ausbau sind die Erfahrungen bei der praktischen Anwendung zu berücksichtigen.

Einschränkend sei noch bemerkt, daß die wertmäßige Entwicklung der Relationen und Proportionen hier nur insoweit betrachtet wird, wie sie die stofflich-technische bzw. gebrauchswertmäßige Entwicklung widerspiegelt. Der Zusammenhang zur Entwicklung des Wertes und der Preise wäre ebenfalls noch zu ergänzen.

c) Die Darlegung der Kriterien des Systems beruht im Prinzip zunächst auf einer Betrachtungsweise, die vom Standpunkt einer relativ geschlossenen Volkswirtschaft ausgeht. Die zunehmende Integration der sozialistischen Volkswirtschaften macht jedoch in immer stärkerem Maße die *Einbeziehung internationaler Aspekte* erforderlich. Insbesondere wird die Zielproblematik immer mehr mit den Aufgaben verflochten, die im Rahmen des gesamten sozialistischen Weltsystems gestellt sind. Allgemein gesehen ist die Effektivität der Volkswirtschaften wesentlich vom Grad der Arbeitsteilung zwischen den sozialistischen Staaten abhängig. Zu einem System von Effektivitätskriterien müßten also auch solche Kriterien gehören, an denen vor allem die direkten Wirkungen der Außenwirtschaft auf die volkswirtschaftliche Effektivität gemessen werden können. Außerdem wären die spezifischen indirekten Wirkungen der Außenwirtschaft über die Effektivitätsrelationen und Grundproportionen des Reproduktionsprozesses zu ermitteln.

d) Ein spezieller Aspekt eines Systems volkswirtschaftlicher Effektivitätskriterien ist auch die Erfassung von Wirkungen des *Zeitfaktors*, denn von seiner Ausnutzung hängt wesentlich die Effektivitätsentwicklung ab. Der Zeitfaktor wirkt in allen dynamischen Prozessen der Reproduktion, und seine Bedeutung nimmt mit dem Eindringen des wissenschaftlich-technischen Fortschritts in alle Reproduktionsphasen zu. Er ist sowohl unter dem Gesichtspunkt des Zeitraumes zu sehen, in dem die Ergebnisse geschaffen und die Mittel genutzt werden, als auch unter dem Gesichtspunkt des Zeitpunkts, zu dem die Mittel eingesetzt und wirksam werden und zu dem das Ergebnis in bestimmten Proportionen vorliegt.

Die besondere Wirkung des Zeitfaktors kann nicht in der Weise berücksichtigt werden, daß er als zusätzliches Kriterium auftritt, denn er ist mit allen Elementen des Reproduktionsprozesses verbunden und muß somit allen Kriterien immanent sein. Seine besondere Berücksichtigung würde aber die Einführung von Koeffizienten der ökonomischen Bewertung der Zeit erfordern. Diese Problematik wird unter anderem bei der Umschlagszeit von Investitionen, der Zeitverzögerung zwischen Einsatz und Wirksamwerden der Investitionen oder der Bildungsaufwendungen deutlich.

Sicher ließen sich noch weitere Anforderungen ermitteln, die an ein System von Effektivitätskriterien zu stellen sind.

2.2.3. Hauptbestandteile des Systems synthetischer volkswirtschaftlicher Effektivitätskriterien und ihre Wachstumsrelationen bei intensiv erweiterter Reproduktion

Die Steigerung der Effektivität des Reproduktionsprozesses erfolgt unter Ausnutzung der wissenschaftlich-technischen Revolution und bei voller Nutzung der vorhandenen Arbeitskräfte vorwiegend durch die *intensiv* erweiterte Reproduktion. „Wenn in der Hauptaufgabe von der Erhöhung der Effektivität gesprochen wird, dann ist der Hauptweg dazu die Intensivierung der gesellschaftlichen Produktion."[34] Ein wachsender Teil der der Gesellschaft zur Verfügung stehenden Mittel wird für den immer produktiveren Einsatz der Wissenschaft, für die Erhöhung des Bildungsniveaus der Werktätigen und für die umfassende Rationalisierung der Produktion eingesetzt. Sozialistische Rationalisierung bedeutet sowohl Modernisierung der vorhandenen Technik und Mechanisierung der Arbeit als auch Teilautomatisierung und Automatisierung ausgewählter volkswirtschaftlich bedeutsamer Vorhaben.[35]

Wichtig ist vor allem, das vorhandene gesellschaftliche Arbeitsvermögen wirksamer auszunutzen und eine rationelle Kombination der Arbeitskräfte mit den eingesetzten, ein hohes technisches Niveau verkörpernden Produktionsausrüstungen zu ermöglichen, die neu entwickelten Arbeitsmittel und technologischen Verfahren mit großem Nutzen anzuwenden und den sparsamen und zweckgerichteten Einsatz der Rohstoffe, Wirkstoffe und des Materials durchzusetzen. Besonderes Schwergewicht ist auch auf den rationellen Einsatz der Investitionen und ihre proportionelle Verteilung entsprechend dem volkswirtschaftlichen Bedarf zu legen. Die planmäßige

[34] W. Stoph, Bericht zur Direktive des VIII. Parteitages ..., a. a. O., S. 22
[35] Vgl. ebenda, S. 22

Beherrschung dieser Prozesse spiegelt sich in den Zusammenhängen der Entwicklung synthetischer volkswirtschaftlicher Effektivitätskriterien wider.

Resultat und Voraussetzung des Gesamtprozesses der sozialistischen Reproduktion ist das Nationaleinkommen in stofflich-gebrauchswertmäßiger Struktur.[36] Es bildet die wichtigste Grundlage für die Befriedigung der ständig wachsenden materiellen und geistigen Bedürfnisse der sozialistischen Gesellschaft sowohl zur Herausbildung allseitig entwickelter Persönlichkeiten als auch zur Deckung des produktiven Bedarfs, auch wenn nicht alle Seiten der Bedürfnisbefriedigung davon abgeleitet werden können. Alle anderen Effektivitätskriterien sind mit dem Nationaleinkommen verbunden und müssen Auskunft darüber geben, mit welchen Mitteln es produziert und ob seine effektive Produktion und Verwendung gesichert ist. Die Effektivitätsrelationen und Grundproportionen sind unmittelbar miteinander verknüpft und voneinander abhängig. Aus bestimmten Anforderungen an die Entwicklung einer Relation bzw. Proportion ergeben sich unumgänglich bestimmte Anforderungen an die Entwicklung anderer Relationen bzw. Proportionen. Da die Bedingungen, die mit dem Wachstumstempo der in den Effektivitätskriterien widergespiegelten Prozesse verbunden sind, mit den vorhandenen Möglichkeiten in Übereinstimmung zu bringen sind, kommt es vor allem darauf an, gegenseitige Verknüpfungen der Dynamik der Effektivitätsrelationen und Grundproportionen zu beachten. Hierbei wird eine relative Abgeschlossenheit der Volkswirtschaft vorausgesetzt.

Das hier behandelte System synthetischer Effektivitätskriterien beinhaltet vor allem in der volkswirtschaftlichen Gesamtrechnung vorhandene und sich aus der Verflechtungsbilanz ergebende meßbare Relationen bzw. Proportionen in bezug auf das Nationaleinkommen. Es ist jedoch nochmals darauf hinzuweisen, daß die Effektivität des Reproduktionsprozesses wesentlich von Niveau und Umfang der materiellen und geistigen Leistungsfähigkeit des zum Einsatz gelangenden Nationalreichtums abhängt, also wesentlich weiter zu fassen ist. Unter diesem Aspekt ist das Nationaleinkommen Ausdruck der Nutzung desNationalreichtums und dient seiner

[36] Neben dem Nationaleinkommen und der davon abgeleiteten Arbeitsproduktivität wird hier auch der Inhalt aller anderen synthetischen Effektivitätskriterien von der stofflich-gebrauchswertmäßigen Seite her betrachtet, obwohl eine volkswirtschaftliche Zusammenfassung der in den Kennziffern enthaltenen Bestandteile nur in Wert- bzw. Preisform erfolgen kann. Als Hilfsmittel zur Ausschaltung von Preisveränderungen können vergleichbare Preise angewendet werden. Veränderungen der Wertbestandteile wären gesondert zu untersuchen, da sich bei wertmäßiger Betrachtung andere Entwicklungstendenzen ergeben können.

ständigen Vermehrung. In die volkswirtschaftliche Effektivitätsrechnung sind bislang nur Teile des Nationalreichtums einbezogen, wie Produktionsfonds und materielle Fonds der geistigen Produktion. Sie bedarf also einer

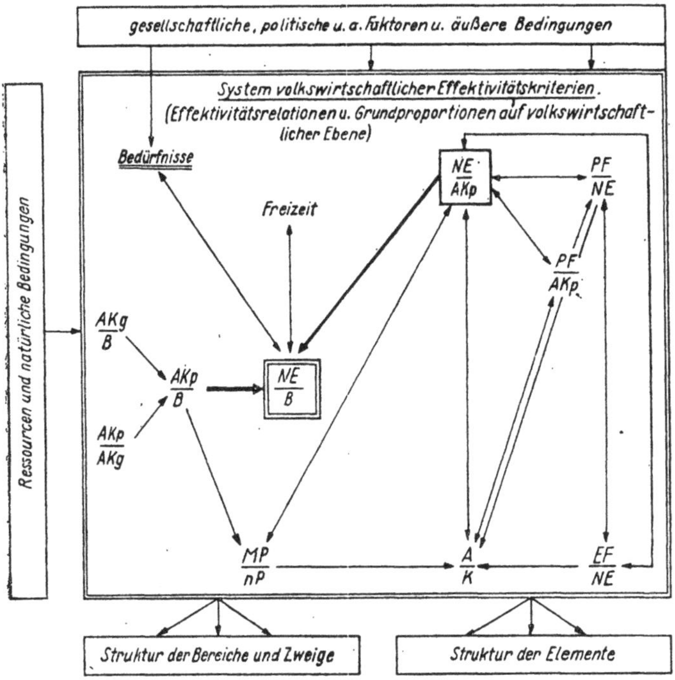

Abb. 5: Zusammenhänge des Systems volkswirtschaftlicher Effektivitätskriterien

NE – Nationaleinkommen	PF – Produktionsfonds
B – Bevölkerungszahl	MP – Mehrprodukt
Ak – Arbeitskräfte	nP – notwendiges Produkt
Akp – Arbeitskräfte im produktiven Bereich	A – Akkumulation
Akg – Arbeitskräfte insgesamt	K – Konsumtion
EF – Ersatzfonds	

ständigen Ergänzung, insbesondere in bezug auf den geistigen Nationalreichtum. Die Effektivitätsanalyse ist weiterhin durch Heranziehen bestimmter selektiver Naturalkennziffern zu vervollkommnen, die einzelne wichtige Seiten des Reproduktionsprozesses kennzeichnen.

Die Berücksichtigung der wechselseitigen Bedingtheit der Effektivitätsrelationen und Grundproportionen in einem System synthetischer Effektivitätskriterien macht eine Widerspiegelung realer Prozesse der Effektivität des Reproduktionsprozesses möglich und zeigt Wege und Mittel zu ihrer Erhöhung. (Eine Übersicht über Zusammenhänge der Bestandteile des Systems volkswirtschaftlicher Effektivitätskriterien gibt Abbildung 5.)

Es ist nun die Frage zu beantworten, welche Zusammenhänge zwischen den Effektivitätsrelationen und Grundproportionen besonders zu berücksichtigen sind und welche Wachstumsrelationen unter den Bedingungen der intensiv erweiterten Reproduktion sowie bei bestimmten Tendenzen der Bedürfnisentwicklung eingehalten werden müssen.

2.2.3.1. Zur Wachstumsrelation zwischen gesellschaftlicher Arbeitsproduktivität und Nationaleinkommen pro Kopf der Bevölkerung

a) *Nationaleinkommen pro Kopf der Bevölkerung*

Abgeleitet aus den Zielen des sozialistischen Reproduktionsprozesses bildet das reale Nationaleinkommen in gebrauchswertmäßiger Struktur pro Kopf der Bevölkerung materielle Grundlage und wesentliches Kriterium für die Befriedigung der Bedürfnisse aller Mitglieder der sozialistischen Gesellschaft. Der Aufgabe seines kontinuierlichen und hohen Wachstums sind alle anderen Kriterien unterzuordnen. Deshalb ist diese Kennziffer zur Einschätzung der Zielrealisierung ein wichtiger Bestandteil des Systems volkswirtschaftlicher Effektivitätsrelationen und Grundproportionen. Das psychische Volumen des Nationaleinkommens pro Kopf der Bevölkerung wird von H. Nick als „synthetisches Effektivitätskriterium", als „Maßstab, an dem die Verwirklichung des spezifischen Zieles der Produktion quantitativ bestimmt, gemessen, wird" aufgefaßt.[37] Für sich genommen ist diese Kennziffer allerdings noch kein Kriterium für die Effektivität, weil sie nur die eine Komponente – die Bedürfnisbefriedigung – zum Ausdruck bringt, während die andere Komponente – das Verhältnis von Aufwand zu Ergebnis – nicht erfaßt wird.

Es existieren auch Meinungen, daß nur der Teil des Nationaleinkommens, der unmittelbar der Konsumtion dient, Kriterium für die Bedürfnisbefriedigung sein kann. Beispielsweise schreibt *V. A. Švandar*, daß die Zuwachsgröße des Konsumtionsfonds die Stufe der Effektivität der gesellschaftlichen Produktion ausdrücke.[38] Diese Betrachtungsweise ist zu einseitig, weil sie nur die gegenwärtige konsumtive Bedürfnisbefriedigung in Erwägung zieht, aber die produktive und nichtproduktive Akkumulation

[37] Vgl. H. Nick, Nationaleinkommen und Gewinn, a. a. O., S. 1762

[38] Vgl. V. A. Švandar, Effektivität der gesellschaftlichen Produktion und relative Dynamik des Nationaleinkommens, a. a. O., S. 6

als Voraussetzung für die künftige Befriedigung konsumtiver und produktiver Bedürfnisse außer acht läßt. Diese Auffassung kann zu einem konstruierten Gegensatz zwischen Akkumulation und Konsumtion führen.

Erst alle Bestandteile des Nationaleinkommens zusammengenommen repräsentieren die Einheit der konsumtiven und produktiven, gegenwärtigen und zukünftigen, gesellschaftlichen und individuellen Bedürfnisbefriedigung. Die Auffassung, allen volkswirtschaftlichen Effektivitätsbetrachtungen das Nationaleinkommen zugrunde zu legen, hat sich inzwischen auch allgemein durchgesetzt. Die Steigerung des realen Nationaleinkommens pro Kopf der Bevölkerung ist im wesentlichen von zwei Faktoren abhängig: in erster Linie von der Steigerung der gesellschaftlichen Arbeitsproduktivität und weiterhin von der Entwicklung des Verhältnisses der im produzierenden Bereich Beschäftigten zur Anzahl der Gesamtbevölkerung. Wird vorausgesetzt, daß infolge der allseitigen Entfaltung der entwickelten sozialistischen Gesellschaft der Anteil der arbeitsfähigen Bevölkerung[39] an der Gesamtbevölkerung zwar wachsen kann, jedoch in Zukunft die Anzahl der im nichtproduzierenden Bereich Beschäftigten und der nichtarbeitenden Personen (unter anderem der im Ausbildungsprozeß stehende Teil) relativ zur Anzahl der im produzierenden Bereich Beschäftigten noch stärker steigt, so kann die Relation der im produzierenden Bereich Beschäftigten zur Gesamtbevölkerung eine sinkende Tendenz annehmen. Es hat zunächst den Anschein, als könne diese sinkende Tendenz in Richtung einer Verringerung des Zuwachses an Nationaleinkommen pro Kopf der Bevölkerung wirken, deshalb fordert z. B *B. N. Talalaev* eine Vergrößerung der in der materiellen Produktion aufgewendeten Arbeitszeit.[40] Im Gegensatz dazu stellt *E. F. Borisov* fest, daß mit wachsender Intensivierung des Reproduktionsprozesses ein immer größerer Teil der arbeitsfähigen Bevölkerung in die „unproduktive Sphäre“ einbezogen wird (Einrichtungen der Wissenschaft, des Bildungswesens der Kultur, des Gesundheitswesens und andere).[41] Der Übergang zur hauptsächlich intensiv erweiterten Reproduktion, die neuen Reproduktionsbedingungen der Arbeitskraft sowie die weitere Erhöhung des Lebensstandards verlangen eine immer stärkere Entwicklung nichtproduzierender Bereiche. Ohne sie wäre auch die notwendige Steigerung der Arbeitsproduktivität und damit die Steigerung des Nationaleinkommens nicht mehr gewährleistet, weil die Zunahme des Anteils der geistigen Arbeit und die

39 Vom Beschäftigungsgrad wird hier vereinfachend abgesehen.

40 B. N. Talalaev, Istočniki nakoplenija v narodnom chozjajstve SSSR, Moskau 1965, S. 64

41 Vgl. E. F. Borisow, Die Effektivität der sozialistischen Produktion unter den Bedingungen der wissenschaftlich-technischen Revolution, a. a. O., S. 16

Erhöhung des Qualifikationsniveaus dazu eine notwendige Voraussetzung bilden. Weiterhin wird sich in Zukunft bei der langfristigen Planung aus der ständigen Erhöhung des wissenschaftlichen Niveaus im Produktionsprozeß eine wachsende Anzahl der im Ausbildungsprozeß stehenden Personen ergeben. Die mit der sozialistischen Entwicklung einhergehende steigende Lebenserwartung kann die Anzahl der nichtarbeitenden Personen erhöhen, hiermit ist allerdings gleichzeitig eine längere Arbeitsfähigkeit verbunden. So bildet für einen längeren Zeitraum ein relativ sinkender Anteil der im produzierenden Bereich Beschäftigten eine zwingende Voraussetzung für die Steigerung der Arbeitsproduktivität. Ein kontinuierliches und hohes Wachstum des Nationaleinkommens pro Kopf der Bevölkerung erfolgt also vor allem und in erster Linie durch die Steigerung der gesellschaftlichen Arbeitsproduktivität.

b) *Gesellschaftliche Arbeitsproduktivität*

Das ökonomische Grundgesetz und das Gesetz der Ökonomie der Zeit erfordern, das *Gesetz der stetigen Steigerung der Arbeitsproduktivität* in allen Produktionsbereichen durchzusetzen. Ein hohes und stetiges Tempo der gesellschaftlichen Arbeitsproduktivität bildet die materielle Basis des gesellschaftlichen Fortschritts und ist damit auch wichtigste Grundlage und Hauptkriterium für das Wachstum der Effektivität. Deshalb ist das *grundlegende Element* des Systems synthetischer Effektivitätskriterien auf volkswirtschaftlicher Ebene die gesellschaftliche Arbeitsproduktivität.[42] Sie ist der bestimmende Faktor der intensiv erweiterten Reproduktion. Der Grad ihres Wachstums entscheidet wesentlich über die Möglichkeiten für die weitere Entwicklung der sozialistischen Gesellschaft. Bei der Gestaltung des entwickelten Sozialismus ergeben sich aus dem wissenschaftlich-technischen Fortschritt große Möglichkeiten für die Steigerung der Arbeitsproduktivität.

Ausgehend von den durch Marx gegebenen Bestimmungsfaktoren der Arbeitsproduktivität sind weitere Kennziffern des Systems abzuleiten. „Die Produktivkraft der Arbeit ist durch mannigfache Umstände bestimmt, unter anderem durch den Durchschnittsgrad des Geschickes der Arbeiter, die Entwicklungsstufe der Wissenschaft und ihrer technologischen Anwendbarkeit, die gesellschaftliche Kombination des Produktionsprozesses, den Umfang und die Wirkungstätigkeit der Produktionsmittel, und durch Naturverhältnisse."[43]

[42] Die gesellschaftliche Arbeitsproduktivität auf volkswirtschaftlicher Ebene wird aufgefaßt als Verhältnis des physischen Volumens des Nationaleinkommens zur Anzahl der im produzierenden Bereich Beschäftigten bzw. zu den von ihnen geleisteten Arbeitsstunden.

[43] K. Marx, Das Kapital, Erster Band, a. a. O., S. 54

Die Arbeitskraft bleibt auch bei einem hohen Entwicklungsstand der Produktionsmittel das ausschlaggebende Element des Reproduktionsprozesses. Unter den heutigen Bedingungen ist ein hohes Wachstum des Nationaleinkommens vor allem auch von der *Bildung und den erworbenen Fähigkeiten und Fertigkeiten* der in allen Bereichen Beschäftigten abhängig.[44] Der auf dem Gebiet der Bildung erreichte Entwicklungsstand kann unter anderem abgelesen werden an der Ausstattung der Arbeitskraft mit Bildungsfonds und an der Relation zwischen Bildungsfonds und Nationaleinkommen. Der Begriff „Bildungsfonds" umfaßt alle Aufwendungen von der Vorschulerziehung bis zur Berufsausbildung oder zum Hochschulstudium, die im Qualitikationsniveau der Werktätigen „materialisiert" sind. Er ist zu unterscheiden von den materiellen Fonds, die in den einzelnen Bereichen des Bildungswesens als „Arbeitsmittel" eingesetzt sind.

Die Entwicklungsstufe der *Wissenschaft und ihre technologische Anwendbarkeit*, insbesondere der direkt mit dem Reproduktionsprozeß verbundenen Gebiete der Wissenschaft, werden immer mehr zu bestimmenden Faktoren der Arbeitsproduktivitätssteigerung. Ihre Wirkungsfähigkeit erstreckt sich auf alle Elemente des Reproduktionsprozesses. Ihr Entwicklungsniveau ist an vielen Kriterien zu messen. Auf volkswirtschaftlicher Ebene ist die Bedeutung, die die Wissenschaft im Reproduktionsprozeß hat, an der Ausstattung der Arbeitskraft mit Wissenschaftsfonds und an der Relation zwischen Wissenschaftsfonds und Nationaleinkommen erkennbar. Auch hierbei muß unterschieden werden zwischen materiellen Fonds der geistigen Produktion und der Gesamtsumme des Wissens der sozialistischen Gesellschaft.

Die *gesellschaftliche Kombination des Produktionsprozesses* betrifft vor allem die Organisation und Leitung sowie die mit der gesellschaftlichen Arbeitsteilung verbundenen Prozesse, insbesondere wachsende Konzentrations- und Spezialisierungsprozesse. Ihre Bedeutung nimmt in starkem Maße zu. Ein Teil dieser Prozesse bestimmt die Entwicklung der Proportion zwischen Ersatzfonds und Nationaleinkommen. Die hiervon ausgehenden Wirkungen auf das Nationaleinkommen und die Steigerung der Arbeitsproduktivität können in zeitweise entgegengesetzten Tendenzen verlaufen, wie zum Beispiel Spezialisierung und Kombination.

Der *Umfang und die Wirkungsfähigkeit der Produktionsmittel* sind materieller Ausdruck für den Grad der technologischen Anwendung der

[44] Hierzu sind schon ausführliche Untersuchungen vorgenommen worden. Vgl. u. a. U. Ludwig/H. Maier/J. Wahse, Bildung als ökonomische Potenz, Berlin 1972; H. Maier, Probleme des Verhältnisses von Bildung und Wirtschaftswachstum im ökonomischen System des Sozialismus, in: Wirtschaftswissenschaft, H. 12/1968, S. 1956ff.

Wissenschaft und den Stand der Qualifizierung der Werktätigen. Sie erhalten bei den sich jetzt vollziehenden Prozessen der Rationalisierung eine besonders große Bedeutung. Von der hiermit verbundenen erhöhten Wirkungsfähigkeit der Produktionsmittel gehen wesentliche Impulse zur Steigerung der Arbeitsproduktivität aus. Der wachsende Umfang der angewendeten Produktionsmittel kommt in einer steigenden Fondsausstattung der Arbeitskraft zum Ausdruck, der Wirkungsgrad der Produktionsmittel zeigt sich teilweise in ihrem Verhältnis zu den mit ihnen produzierten und im Nationaleinkommen enthaltenen Gütern.

Die Wirkung der *Naturverhältnisse* auf die Steigerung der Arbeitsproduktivität wurde in der Vergangenheit in der DDR besonders durch nicht ausreichende Rohstoffvorkommen deutlich, sie nimmt jedoch mit wachsender internationaler Arbeitsteilung und vor allem durch die immer umfassendere Beherrschung durch den Menschen ab. Die zweckmäßige und zielgerichtete Ausnutzung dieser Faktoren, z. B. durch immer effektivere Technologien und Verfahren wirkt in Richtung einer ständigen Steigerung der Arbeitsproduktivität. Es ist jedoch zu berücksichtigen, daß die fortschreitende Entwicklung der Technik mit negativen Auswirkungen auf die Umweltbedingungen der Menschen verbunden ist, die verstärkte Maßnahmen des Staates zu ihrem Schutze erfordern. Die Arbeitsproduktivität kann auch unter ungünstigen Naturverhältnissen schnell steigen, wenn die mit dem wissenschaftlich-technischen Fortschritt verbundenen neuen Prozesse, insbesondere die wachsende Verflechtung zwischen materieller und geistiger Produktion sowie die Anwendung neuer Wirkstoffe und Technologien, intensiv durchgesetzt werden.

c) *Die Wachstumsrelation zwischen gesellschaftlicher Arbeitsproduktivität und Nationaleinkommen pro Kopf der Bevölkerung*

Für diese Wachstumsrelation ist bei intensiv erweiterter Reproduktion folgende Tendenz von Bedeutung:

Die gesellschaftliche Arbeitsproduktivität muß schneller steigen als das Nationaleinkommen pro Kopf der Bevölkerung.

$$Ap' > \left(\frac{NE}{B}\right)'$$

Ap' – Zuwachsrate[45] der Arbeitsproduktivität

$\left(\frac{NE}{B}\right)'$ – Zuwachsrate des Nationaleinkommens pro Kopf der Bevölkerung

[45] Die Zuwachsraten $\left(\frac{a_n - a_0}{a_0}\right)$ werden hier angegeben, weil auch die nachfolgende Analyse auf dieser Berechnungsart beruht. Im Prinzip kann natürlich auch mit Wachstumsraten $\left(\frac{a_n}{a_0}\right)$ gerechnet werden.

Diese Entwicklung ist durch ein stärkeres Wachstum der Bevölkerung gegenüber den im produzierenden Bereich Beschäftigten bedingt. Einen gewissen Anteil daran hat die Zunahme der Altersrentner bei erhöhter Lebenserwartung. Aber vor allem handelt es sich darum, daß mit zunehmendem Reifegrad der sozialistischen Gesellschaft die Bedeutung der nicht direkt zur materiellen Produktion zählenden Bereiche wächst, und zwar in zweifacher Hinsicht: einmal zur unmittelbaren Befriedigung neuer, insbesondere auch geistiger Bedürfnisse, und zum anderen als Voraussetzung zur Steigerung der Arbeitsproduktivität. Das bedeutet für die langfristige Planung und Prognose, daß in Zukunft ein größerer Teil des gesellschaftlichen Arbeitsvermögens für diese Bereiche zur Verfügung stehen muß. Zum Beispiel wird ein ständig wachsender Teil der gesellschaftlichen Arbeit für Bildung und Wissenschaft verausgabt werden. Das ist nach zwei Richtungen von Bedeutung. Einmal wird die weitere Entwicklung sozialistischer Persönlichkeiten durch eine Zunahme schöpferischer Tätigkeiten gekennzeichnet sein. Zum anderen verlangt die steigende Bedeutung der Wissenschaft bei der Produktion des Nationaleinkommens und der Steigerung der Arbeitsproduktivität ein wachsendes Bildungsniveau. Eine höhere Bildung für alle Menschen erfordert die Verlängerung der Ausbildungszeit[46] und die Erhöhung der Anzahl der sich in der Ausbildung befindenden Personen sowie auch mehr Lehrer und mehr und qualitativ bessere Ausbildungsmittel. Diese Tendenz führt zu einer relativen Verringerung der im produzierenden Bereich Beschäftigten, was durch eine hohe Steigerung der Arbeitsproduktivität zu erreichen ist. Aber auch die Bedürfnisse an Leistungen des Wohnungswesens, des Sozial- und Gesundheitswesens, der Kultur, des Sports und der Erholung sowohl als wachsender Bestandteil der Zielrealisierung wie auch als Voraussetzung zur Steigerung der schöpferischen Leistungsfähigkeit der Werktätigen werden zunehmen.

Eine schnellere Entwicklung der nichtproduzierenden Bereiche verlangt also eine solch hohe Steigerung der Arbeitsproduktivität, daß erstens ein wachsender Teil der Beschäftigten in den nichtproduzierenden Bereichen eingesetzt werden kann, daß zweitens ausreichend Mittel für die im Aus- und Weiterbildungsprozeß befindlichen Personen zur Verfügung stehen, und daß drittens die zusätzlich in den nichtproduzierenden Bereichen Beschäftigten mit Fonds ausgestattet werden können. Außerdem ist eine größere Effektivität auch mit einer Erhöhung der Fondsausstattung der in den nichtproduzierenden Bereichen Beschäftigten verbunden.

[46] A. Kandel errechnete für die USA in den Jahren von 1952 bis 1968 eine Steigerung von 10,9 auf 12,3 Ausbildungsjahre eines Beschäftigten (Durchschnittswerte). (Vgl. A. Kandel, Akkumulation und Wirtschaftswachstum, in: Sowjetwissenschaft, Gesellschaftswissenschaftliche Beiträge, H. 1/1973 S. 40)

In der materiellen Produktion sind deshalb im Prinzip die erforderlichen Arbeitsergebnisse bei höchstmöglicher Steigerung der Arbeitsproduktivität und trotz einer möglichen Zunahme der Beschäftigungsquote insgesamt mit einem relativ sinkenden Arbeitskräfteanteil zu erbringen.

K. Marx bemerkt zu dieser Problematik: „Ein Land ist um so reicher, je geringer die produktive Bevölkerung im Verhältnis zur unproduktiven, bei derselben Qualität von Produkten."[47]

Wenn nun der Anteil der im produzierenden Bereich Beschäftigten an der Bevölkerung sinken, deren Verbrauch an Nationaleinkommen aber steigen soll, so muß die gesellschaftliche Arbeitsproduktivität schneller zunehmen als das Nationaleinkommen pro Kopf der Bevölkerung. Bei dieser Wachstumsrelation geht es nicht einfach darum, daß der Anteil der im produzierenden Bereich Beschäftigten an der Bevölkerung sinkt, sondern wesentlich sind hierbei auch das Niveau und das Wachstum des Nationaleinkommens. Die im Zähler und im Nenner der beiden Kennziffern erfaßten ökonomischen Größen sind deshalb in ihrem gegenseitigen Zusammenhang zu berücksichtigen.

Die Aktualität und Realität der Forderung eines schnelleren Wachstums der gesellschaftlichen Arbeitsproduktivität gegenüber dem Nationaleinkommen pro Kopf der Bevölkerung zeigt ein Vergleich mit der UdSSR, wo diese Tendenz sich schon seit mindestens 1961 durchgesetzt hat. Von 1960 bis 1965 stieg die Produktivität der gesellschaftlichen Arbeit auf 129 Prozent, das Nationaleinkommen pro Kopf der Bevölkerung jedoch nur auf 123 Prozent. Für 1965 bis 1970 lauten die entsprechenden Zahlen etwa 137 Prozent und 135 Prozent. 1970 bis 1975 wird die Produktivität der gesellschaftlichen Arbeit in der Industrie, der Landwirtschaft und im Bauwesen auf 136 Prozent bis 140 Prozent steigen, während schätzungsweise mit einem Wachstum des Nationaleinkommens pro Kopf der Bevölkerung auf 133 bis 135 Prozent zu rechnen ist, so daß die Tendenz auf jeden Fall weiterhin wirksam ist.[48]

Bisher setzte sich die Entwicklungstendenz eines stärkeren Wachstumstempos der gesellschaftlichen Arbeitsproduktivität gegenüber dem Wachstumstempo des Nationaleinkommens pro Kopf der Bevölkerung in der

[47] K. Marx, Theorien über den Mehrwert, in: MEW, Bd. 26.1, Berlin 1964, S. 199

[48] Die Angaben wurden errechnet nach:
A. N. Kossygin, Die Direktiven des XXIV. Parteitages der KPdSU zum Fünfjahrplan für die Entwicklung der Volkswirtschaft der UdSSR in den Jahren 1971–1975, Moskau/Berlin 1971, S. 16 (Produktivität der gesellschaftlichen Arbeit); ebenda, S. 8 und 21 (Nationaleinkommen); entsprechende Jahrgänge des Statistischen Jahrbuches der DDR, Anhang Bevölkerung.

DDR noch nicht über einen längeren Zeitraum durch.[49] Sie wird jedoch in Zusammenhang mit den neuen Prozessen der Bedürfnisbefriedigung und der Entwickung der Produktivkräfte erforderlich werden.

2.2.3.2. Zur Wachstumsrelation zwischen Fondsausstattung der Arbeitskraft und gesellschaftlicher Arbeitsproduktivität

a) *Produktionsfondsausstattung*

Aus den für die Steigerung der gesellschaftlichen Arbeitsproduktivität wichtigen Faktoren ergeben sich notwendigerweise als weitere Kennziffern des Systems die Ausstattung der Arbeitskraft mit Produktions-, Wissenschafts- und Bildungsfonds. Hier soll zunächst nur die materielle Basis– die Produktionsfondsausstattung – behandelt werden. Die gesellschaftliche Produktivkraft der Arbeit drückt sich aus „im relativen Größenumfang der Produktionsmittel, welche ein Arbeiter, während gegebner Zeit, mit derselben Anspannung von Arbeitskraft, in Produkt verwandelt. Die Masse der Produktionsmittel, womit er funktioniert, wächst mit der Produktivität seiner Arbeit.“[50] Die Masse der Produktionsmittel ist hierbei Folge und Bedingung wachsender Produktivität. Analog zur Produktionsfondsausstattung wären die Faktoren der Ausstattung mit Wissenschafts- und Bildungsfonds zu untersuchen. Soweit die Wissenschaft unmittelbar zum produzierenden Bereich gehört, sind ihre materiellen Fonds Bestandteil des Produktionsfonds.

Das Niveau in der Fondsausstattung der Arbeitskraft wird in erster Linie vom Stand der Wissenschaft und Technik einschließlich technologischer Prozesse sowie der damit verbundenen Arbeitsproduktivität bestimmt. Je höher ihre Entwicklungsstufe ist, desto höher ist auch die Fondsausstattung. Es handelt sich hierbei vor allem um ein technisch bestimmtes Verhältnis, das von der Art der konkreten Produkte und ihrer Herstellungsweise abhängt, deshalb sind die Unterschiede in einzelnen Bereichen und Zweigen relativ groß. Die Anwendung der ständig wachsenden wissenschaftlichen Erkenntnisse und verbesserten technologischen Prozesse, insbesondere der Übergang zur Mechanisierung und Automatisierung, bewirken einerseits ein ständiges Steigen der Fondsausstattung. Andererseits erlaubt die Anwendung wissenschaftlicher Erkenntnisse, die technologischen Prozesse wirkungsvoller zu machen, was einer Steigerung der Fondsausstattung entgegenwirken kann.

49 Vgl. drittes Kapitel vorliegender Arbeit
50 K. Marx, Das Kapital, Erster Band, a. a. O., S. 654

Der Grad der Steigerung der Fondsausstattung wird vom absoluten Niveau der produktiven Akkumulation bestimmt, das unter diesem Gesichtspunkt mit der notwendigen Höhe der Konsumtion und nichtproduktiven Akkumulation in Wechselwirkung steht. Der Grad der Steigerung der Fondsausstattung kann in dem Maße geringer sein, wie der Wirkungsgrad der fungierenden Produktionsmittel, zum Beispiel durch bessere extensive und intensive zeitliche Auslastung, und der produktiven Akkumulation erhöht wird. Die Veränderungen des Wirkungsgrades der Produktionsmittel kommen vor allem in den Veränderungen ihrer Relation zum Nationaleinkommen zum Ausdruck.

b) *Die Wachstumsrelation zwischen Produktionsfondsausstattung und gesellschaftlicher Arbeitsproduktivität*

Eine hohe Effektivität des Reproduktionsprozesses kann unter der Bedingung erreicht werden, daß die *gesellschaftliche Arbeitsproduktivität schneller wächst als die Fondsausstattung der Arbeitskraft.*

$$Ap' > Fa'$$

Fa' – Zuwachsrate des Fondsausstattung der Arbeitskraft

Während bei der Wachstumsrelation zwischen Nationaleinkommen pro Kopf der Bevölkerung und gesellschaftlicher Arbeitsproduktivität bei intensiv erweiterter Reproduktion das schnellere Wachstum der Arbeitsproduktivität eine prinzipielle Bedingung für die weitere Effektivität der Volkswirtschaft ist, kann bei der Wachstumsrelation zwischen Arbeitsproduktivität und Fondsausstattung eine solche Forderung nicht erhoben werden. Jedoch wurde auf die große Bedeutung dieser Tendenz für die Intensivierung durch Rationalisierungsmaßnahmen auf dem VIII. Parteitag hingewiesen, indem die Notwendigkeit betont wurde, „. . . die Erzeugung zu steigern, indem wir die vorhandenen Produktionsanlagen und Gebäude besser nutzen und modernisieren, . . .“.[51]

Ein schnelleres Wachstum der gesellschaftlichen Arbeitsproduktivität gegenüber der Fondsausstattung ist nicht nur wichtig für die Entwicklung der volkswirtschaftlichen Effektivität, sondern übt auch einen günstigen Einfluß auf die Entwicklung anderer Effektivitätskriterien aus. Die sich aus der Relation zwischen Fondsausstattung und Arbeitsproduktivität ergebende Fondsintensität bringt zum Ausdruck, in welchem Maße die steigende Fondsausstattung für das Wachstum der Arbeitsproduktivität genutzt wird.[52] Also wirken sämtliche Faktoren, die die Veränderungen der

[51] E. Honecker, Bericht des Zentralkomitees an den VIII. Parteitag der Sozialistischen Einheitspartei Deutschlands, a. a. O., S. 45

[52] Analog zur *Produktionsfonds*ausstattung wird hier zunächst nur von der Produktionsfondsintensität ausgegangen.

Fondsausstattung und der Arbeitsproduktivität bestimmen, auch auf die Entwicklung der Fondsintensität ein.

Die Wirkungsrichtung verschiedener Faktoren der Arbeitsproduktivität und Fondsausstattung für sich genommen ist ziemlich eindeutig festzustellen. Schwierigkeiten ergeben sich jedoch bei der Beantwortung der Frage, wie die Faktoren zusammengenommen auf die Entwicklung der Fondsintensität wirken. Das heißt, wie müssen sich die Wachstumstempi der Fondsausstattung und der Arbeitsproduktivität zueinander verhalten, damit der Reproduktionsprozeß effektiv verläuft? Selbstverständlich ist es am effektivsten, wenn die Arbeitsproduktivität schneller wächst als die Fondsausstattung. Aber das Problem ist hierbei, ob die einwirkenden Faktoren immer so miteinander verbunden sind, daß diese Variante möglich ist. Bisher durchgeführte Analysen ließen jedenfalls über längere Zeiträume keine bestimmte Gesetzmäßigkeit in der Entwicklung der Fondsintensität erkennen.

Beispielsweise zeigt die Statistik, daß in sozialistischen Ländern große Unterschiede in der Entwicklung der Grundfondsintensität bestehen (vergleiche Tabelle 1).

Tabelle 1
Veränderungsraten der Grundfondsintensität*
(1960 = 100)

Land	1965	1966	1967	1968	1969
Bulgarien	117	116	119	124	126
Ungarn	106	103	100	99	94
DDR	114	115	113	112	112
Mongolei	155	162	157	190	183
Polen	93	92	92	90	94
Rumänien	95	95	98	100	105
UdSSR	116	117	116	115	117
ČSSR	121	116	116	113	120

* Errechnet nach Statistisches Jahrbuch der Mitgliedsländer des RGW 1970, Moskau 1970, S. 40 und 43

Auch in kapitalistischen Ländern hat die Grundfondsquote (Kehrwert der Grundfondsintensität) nicht nur ein sehr unterschiedliches Niveau, sondern auch eine in verschiedenen Zeiträumen gegenläufige Entwicklung (vergleiche Tabelle 2).

Auch in der DDR verlief die Entwicklung der Grundfondsintensität recht unterschiedlich.[53] Zur Widerspiegelung der Effektivitätsentwicklung

[53] Vgl. drittes Kapitel vorliegender Arbeit

Tabelle 2
Grundfondsquote in den führenden kapitalistischen Ländern*
(zu Preisen von 1958)

Jahr	USA	Großbritannien	Westdeutschland	Frankreich	Japan
1950	0,70	0,48	0,54	0,60	0,27
1955	0,71	0,48	0,66	0,63	0,32
1960	0,65	0,47	0,67	0,66	0,36
1962	0,68	0,46	0,65	0,68	0,37
1963	0,69	0,46	0,63	0,68	0,36
1964	0,71	0,47	0,64	0,69	0,40
1965	0,72	0,46	0,62	0,68	0,39
1966	0,73	0,45	0,59	0,68	0,40
1967	0,72	0,44	0,55	0,68	0,43
1968	0,72	0,44	0,56	0,67	0,45

* Vgl. B. Kudrow, Internationale Vergleiche der Produktionsgrundfonds und ihrer Effektivität, in: Sowjetwissenschaft, Gesellschaftswissenschaftliche Beiträge, H. 10/1970, S. 1032

in der Kennziffer „Fondsintensität" gibt es verschiedene Meinungen. *O. Kratsch* kommt bezüglich der Effektivität der Produktionsfonds zu der eindeutigen Auffassung, daß „sinkende Fondsintensität der Produktion steigende Effektivität der Produktionsfonds, steigende Fondsintensität dagegen sinkende Effektivität"[54] bedeuten. Demgegenüber schränkt *V. K. Poltorygin* die Aussage etwas ein; er ist der Meinung, daß die Effektivität nicht sinkt, wenn die Grundfondsquote (Kehrwert der Grundfondsintensität) sinkt, aber unter der Bedingung, daß die Arbeitsproduktivität zwar nicht schneller steigt als die Grundfondsausstattung, jedoch schneller als die Masse der Grundfonds.[55]

Die Aussagekraft der Fondsintensität wird in bezug auf die Effektivität jedoch dadurch begrenzt, daß sie die absolute Freisetzung von Arbeitskräften nicht explizit ausweist. Sie kann zum Beispiel sehr stark steigen, wenn dieselbe Produktion mit viel weniger Arbeitskräften, aber entsprechend mehr Produktionsmitteln hergestellt wird, obwohl in diesem Fall keineswegs von einer verminderten Effektivität gesprochen werden kann. Bislang hatte die Anzahl der im produzierenden Bereich Beschäftigten nur eine schwach sinkende Tendenz, so daß diese Frage nicht wesentlich war. Bei der in Zukunft notwendigen Freisetzung von Arbeitskräften für den nichtproduzierenden Bereich wird sie jedoch eine größere Rolle spielen. Genau genommen kann die Fondsintensität die Entwicklung des Wirkungs-

[54] O. Kratsch, Fondsintensität, Schriftenreihe Planung und Leitung der Volkswirtschaft, H. 21, Berlin 1966, S. 129

[55] V. K. Poltorygin, Ekonomičeskie metody . . ., a. a. O., S. 24

grades der Produktionsmittel nur dann widerspiegeln, wenn die Arbeitskräftezahl konstant bleibt.

Von besonderem Interesse ist die Untersuchung von Entwicklungstendenzen der Fondsintensität unter dem Aspekt des technischen Fortschritts. In Perioden revolutionärer Veränderungen des Produktionsprozesses, wie beim Übergang von der Hand- zur Maschinenarbeit oder von der Maschinenarbeit zur Mechanisierung und Automatisierung, müßte die Fondsintensität eine andere Entwicklungstendenz aufweisen als in Perioden schrittweiser Verbesserungen der bestehenden Produktionstechnik. Über die Auswirkungen des technischen Fortschritts auf das Steigen oder Sinken der Fondsintensität bestehen zum Teil diametral entgegengesetzte Auffassungen, was hier an zwei Beispielen erläutert werden soll.

A. I. Notkin vertritt folgende Auffassung: „Die Mechanisierung der Handarbeit (besonders der Hilfsarbeiten) in der Industrie, im Bauwesen und in Bereichen mit Arbeitskräftemangel führt sowohl bei erweiterter als auch besonders bei einfacher Reproduktion unter den gegenwärtigen Bedingungen zum Wachsen der Arbeitsproduktivität bei Erhöhung der Fondsintensität der Produktion."[56] Der Übergang zu produktiveren Ausrüstungen und zur Vergrößerung der Aggregate erlaube eine Vergrößerung der Arbeitsproduktivität ohne Erhöhung der Fondsintensität der Produktion bis zu einer bestimmten Grenze, nach der die Einführung prinzipiell neuer Arten der Technik notwendig wird, was wieder zur zeitweiligen Erhöhung der Fondsintensität führt.[57] Diese Auffassung ist in der ökonomischen Literatur weit verbreitet.

R. Zygičko kommt aufgrund von Untersuchungen in der verarbeitenden Industrie der USA zu anderen Schlußfolgerungen, er schreibt: „Die vorliegenden statistischen Angaben bestätigen also nicht die Hypothese, daß der Ersteinsatz von Maschinen und die Industrialisierung unausweichlich zu steigender Fondsintensität führen."[58] Demgegenüber gibt es „eine Reihe Anhaltspunkte dafür, daß in den Zeiten steigender Fondsintensität in der verarbeitenden Industrie der USA die Weiterentwicklung der Arbeitsmaschinen langsam verlief oder gar stagnierte".[59] R. Zygičko stimmt mit A. I. Notkin in der Frage überein, daß die Weiterentwicklung der jeweiligen technischen Mittel ökonomische und technische Grenzen hat, die grundsätzlich neue Technik erfordern. Er weist darauf hin, daß mit ihrer

56 A. I. Notkin, Zur Prognostizierung des Wirtschaftswachstums im Sozialismus, in: Wirtschaftswissenschaft, H. 3/1970, S. 341

57 Ebenda, S. 342

58 R. Zygitschko, Ein ökonomisches Rätsel der Vergangenheit, in: Sowjetwissenschaft, Gesellschaftswissenschaftliche Beiträge, H. 2/1970, S. 164

59 Ebenda, S. 168

Entwicklung begonnen werden muß, ehe diese Grenzen erreicht sind, da sonst ein Rückgang in der Effektivität der Produktion eintritt.

Die hier dargestellten Überlegungen erhalten ihr besonderes Gewicht für die Volkswirtschaft der DDR, weil wir uns gegenwärtig in einem Prozeß sowohl wesentlicher qualitativer Veränderungen der Produktionstechnik als auch der Rationalisierung bestehender Produktionen befinden. Sie zeigen aber auch, daß die Dynamik der Fondsintensität nicht nur mit Hilfe allgemein und ständig wirkender Faktoren eingeschätzt werden kann, sondern daß auch die ganz konkreten Bedingungen einer bestimmten Entwicklungsphase der Reproduktion, der einzelnen Bereiche und Zweige sowie ihres Strukturwandels, einer bestimmten Volkswirtschaft und so weiter berücksichtigt werden müssen. Zum Beispiel ergibt sich für die Volkswirtschaft der DDR insbesondere die Notwendigkeit, die Energiebasis, das Verkehrswesen sowie Teile der Infrastruktur, die sehr fondsintensiv sind, stärker zu entwickeln und auszubauen.

Abschließend soll ein Versuch unternommen werden, die Wirkung einiger Faktoren, die jedoch nicht eindeutig voneinander abgegrenzt werden können, auf die Dynamik der Fondsintensität in der zukünftigen Entwicklung einzuschätzen. In Richtung einer *steigenden* Fondsintensität wirken

- die Freisetzung von Arbeitskräften im produzierenden Bereich
- die Naturverhältnisse der DDR, insbesondere die Verschlechterung der Abbaubedingungen von Rohstoffen.

In Richtung einer *sinkenden* Fondsintensität wirken

- ein modernes Leitungs- und Planungssystem
- eine bessere Beherrschung des Reproduktionsprozesses durch höhere Qualifikation der Werktätigen
- eine mögliche Senkung der Materialintensität
- der Ersatz der verschlissenen Produktionsmittel auf höchstem technischen Niveau
- die Erhöhung des Wirkungsgrades der Akkumulation
- die Verbesserung der extensiven und intensiven zeitlichen Ausnutzung der Produktionsmittel
- die Verbesserung der technischen Struktur der Produktionsmittel.

In *beide Richtungen* können wirken, wobei die positive Richtung überwiegen kann,

- die Entwicklung von Wissenschaft und Technik (höherer Wirkungsgrad der Produktionsmittel, aber Steigerung der Akkumulationsmasse und Einsatz größerer Massen an Produktionsmitteln)
- der effektive Strukturwandel (Vergrößerung des Anteils bestehender effektiver Zweige und Herausbildung neuer effektiver Zweige, aber Entwicklung fondsintensiverer Zweige als Vorstufen für neue Zweige)

– die Entwicklung der Arbeitsteilung (höherer Wirkungsgrad der vorhandenen spezialisierten Produktionsmittel durch höhere Losgrößen, aber Neuinvestitionen für spezialisierte Produktionen).

Wenn die in Richtung einer sinkenden Fondsintensität wirkenden Faktoren voll zur Wirkung kommen, kann also insgesamt durchaus mit einem Sinken der Fondsintensität gerechnet werden, insbesondere wenn die genannten Erkenntnisse von Zygičko berücksichtigt werden. Jedoch ist es zeitweise durchaus möglich, daß durch den zusätzlichen Einfluß struktureller Faktoren ein Ansteigen der Fondsintensität nicht zu vermeiden ist, wenn die zur Gewährleistung der planmäßigen Proportionalität erforderliche und fondsintensive Energie- und Rohstoffproduktion sowie einige Zulieferindustrien und materielle Dienstleistungen (Nachrichtenwesen, Verkehr usw.) relativ stärker entwickelt werden müssen.

Am Zentralinstitut für Wirtschaftswissenschaften bei der Akademie der Wissenschaften der DDR durchgeführte Berechnungen haben beispielsweise ergeben, daß bei der zukünftig zu erwartenden Entwicklung und strukturellen Veränderung von Bedürfniskomplexen der Konsumtion die Tendenz zu einer Erhöhung der vollen Grundfondsintensität des Endprodukts sehr wahrscheinlich ist (vergleiche Tabelle 3).

Tabelle 3
Grundfondsintensität der materiellen Produktion für die Bedürfniskomplexe der Konsumtion in der DDR 1968 *

	Anteil der Bedürfniskomplexe an den Grundfonds insgesamt in Prozent **	Grundfondsintensität ***
Konsumtion	76,4	2,49
davon		
Ernährung	34,2	2,33
Bekleidung	7,9	1,93
Wohnung/Hauswirtschaft	13,3	2,97
Bildung/Kultur	3,5	2,23
Gesundheits-Sozialwesen	2,5	2,37
Verkehr	8,6	3,30
Nachrichtenwesen	2,4	3,32
Übrige	4,0	2,67

* Vgl. G. Knobloch, Bedürfnisse und volkswirtschaftliche Grundproportionen, in: Wirtschaftswissenschaft, H. 8/1972 S. 1142

** Entsprechend der Zuordnung der Bruttoproduktion zu den Bedürfniskomplexen

*** Voller Aufwand an Grundfonds je Einheit Endprodukt im Durchschnitt des Bedürfniskomplexes

Die Bedürfniskomplexe Ernährung und Bekleidung binden etwa 42 Prozent der Grundfonds der materiellen Produktion. Daher wird ihr weiteres Wachstum die Entwicklung der Grundfondsintensität des Endprodukts wesentlich beeinflussen. Da die Grundfondsintensität dieser beiden Bedürfniskomplexe unter der Grundfondsintensität des Endprodukts (2,40) liegt und auch anzunehmen ist, daß der Anteil dieser Bedürfniskomplexe am Endprodukt aufgrund ihres zu erwartenden unterdurchschnittlichen Wachstums zurückgehen wird, sind hieraus keine Effekte in Richtung einer sinkenden Grundfondsintensität des Endprodukts zu erwarten.

Die Bedürfniskomplexe Bildung und Kultur sowie Gesundheits- und Sozialwesen haben nur einen Anteil von 6 Prozent an den gesamten Grundfonds. Ihr zu erwartendes überdurchschnittliches Wachstum wird deshalb vorläufig noch keine wesentlichen positiven Auswirkungen auf die Grundfondsintensität des Endprodukts haben können, obwohl sie eine niedrigere Grundfondsintensität als im Durchschnitt aufweisen.

Die Bedürfniskomplexe Wohnung und Hauswirtschaft, Verkehr sowie Nachrichtenwesen sind anteilmäßig mit etwa 24 Prozent an den gesamten Grundfonds beteiligt. Ihre Grundfondsintensität ist wesentlich höher als die des Endprodukts insgesamt. Da mit einem überdurchschnittlichen Wachstum dieser Komplexe und somit mit einer Vergrößerung ihres Anteils zu rechnen ist, kann hieraus auf eine Tendenz zur Erhöhung der Grundfondsintensität insgesamt geschlossen werden.

Die Richtung der Strukturveränderungen zwischen den Bedürfniskomplexen der Konsumtion läßt erkennen, daß infolge des vorrangigen Wachstums der sehr fondsintensiven Bedürfniskomplexe in der Tendenz – unter Abstraktion von allen anderen Faktoren – mit einer steigenden Grundfondsintensität des Endprodukts zu rechnen ist.

Jedoch kann die Gesamtentwicklung der Fondsintensität erst nach einem genauen Abwägen *aller* einwirkenden Faktoren ermittelt werden.

2.2.3.3. Zur Wachstumsrelation zwischen Ersatzfonds und Nationaleinkommen

Eine hohe Effektivität des Reproduktionsprozesses kann unter der Bedingung erreicht werden, daß *das Nationaleinkommen schneller wächst als der Ersatzfonds.*[60]

(7) $NE' > EF'$

NE' – Zuwachsrate des Nationaleinkommens
EF' – Zuwachsrate des Ersatzfonds

60 Es soll an dieser Stelle nochmals darauf verwiesen werden, daß die behandelten ökonomischen Größen in stofflich-gebrauchswertmäßiger Form betrachtet werden. Die Wert- bzw. Preisentwicklung erzeugt gerade bei dieser Proportion oft

Da Ersatzfonds und Nationaleinkommen zusammen das gesellschaftliche Gesamtprodukt bilden, führt ein relativ geringeres Wachstum des Ersatzfonds zu größeren Wachstumspotenzen des physischen Umfangs des Nationaleinkommens. Die obengenannte Forderung an die Wachstumsrelation gilt nur unter der Einschränkung, daß von den darin enthaltenen Auswirkungen von Veränderungen der gesellschaftlichen Arbeitsteilung abstrahiert wird. Einen besonderen Einfluß übt auch die Struktur des Außenhandels aus. Also kann nicht ohne weiteres von einer sinkenden Relation zwischen Ersatzfonds und Nationaleinkommen auf eine Erhöhung der Effektivität geschlossen werden, dazu wirken zu viel unterschiedliche Faktoren in verschiedener Richtung auf sie ein. Diese Meinung vertritt auch *M. Eidelmann;* er schreibt, daß das Anwachsen der volkswirtschaftlichen Materialintensität „noch nichts über eine Senkung oder Erhöhung der Effektivität“ aussagt.[61] Insbesondere ist der Einfluß notwendiger Veränderungen in der Bereichs-, Zweig- und Stufenstruktur zu beachten.

Tabelle 4
Entwicklung des gesellschaftlichen Gesamtprodukts und des Nationaleinkommens (1950–1968)*

Land	Index des gesellschaftlichen Gesamtprodukts (1950 = 100)	Index des Nationaleinkommens (1950 = 100)
Bulgarien	611	503
ČSSR	311	285
DDR	390	360
Rumänien	536	520
UdSSR	442	462
Ungarn	339	273

* Vgl. Statistisches Jahrbuch der Mitgliedsländer des RGW 1970, a. a. O., S. 42

entgegengesetzte Tendenzen. A. I. Notkin schreibt hierzu: „Aus der Analyse der Veränderungen im physischen Volumen des gesellschaftlichen Gesamtprodukts geht somit hervor, daß bei einem sinkenden Anteil des Nationaleinkommens am Wert des gesellschaftlichen Gesamtprodukts dessen Anteil am physischen Volumen des gesellschaftlichen Gesamtprodukts steigen, sinken oder konstant bleiben kann.“ (A. I. Notkin, Die Rate der produktiven Akkumulation, in: Sowjetwissenschaft, Gesellschaftswissenschaftliche Beiträge, H. 1/1973, S. 32)

61 M. Eidelmann, Analyse der volkswirtschaftlichen Proportionen an Hand der Daten der Verflechtungsbilanz, in: Sowjetwissenschaft, Gesellschaftswissenschaftliche Beiträge, H. 1/1970, S. 69

Es existieren sehr unterschiedliche Meinungen zur Entwicklung dieser Proportion[62], von denen zum Teil eine gesetzmäßig schnellere Entwicklung des Nationaleinkommens gegenüber dem Ersatzfonds formuliert wird. In einigen sozialistischen Ländern entwickelte sich das Nationaleinkommen im Verhältnis zum gesellschaftlichen Gesamtprodukt sehr unterschiedlich (vergleiche Tabelle 4). Wie aus der Statistik ersichtlich ist, wuchs im Gegensatz zu den anderen sozialistischen Ländern nur in der UdSSR das Nationaleinkommen schneller als der Ersatzfonds.

Die wesentlichsten Faktoren, von denen die Entwicklung der Proportion zwischen Ersatzfonds und Nationaleinkommen bestimmt wird, sind Umfang und Wirkungsgrad der Grundfonds, Umfang des Materialverbrauchs und Wirkungsgrad des Materials sowie durch gesellschaftliche Organisation der Produktion bedingte Strukturveränderungen.

Die *Grundfonds* wirken nicht direkt, sondern über die Umschlagszeit auf den Ersatzfonds. Die Vergrößerung der Masse an Grundfonds in Verbindung mit einer durch den stärkeren moralischen Verschleiß bedingten Verkürzung der Umschlagszeit führt zur Erhöhung der Abschreibungen und ihres Anteils am Ersatzfonds. Das hat eine steigende Tendenz der Relation von Ersatzfonds zu Nationaleinkommen zur Folge. Eine Senkung der Fondsintensität wirkt in entgegengesetzter Richtung, indem die Produktionsfonds nicht so schnell wachsen wie das Nationaleinkommen und somit die Tendenz zu einem stärkeren Wachstum des Nationaleinkommens gegenüber dem Ersatzfonds entsteht.

Ein wesentlich stärkeres Gewicht haben auf Grund des weitaus größeren Anteils an Ersatzfonds der Umfang des *Materialverbrauchs* und die Materialintensität. Also wird die Dynamik der Proportion zwischen Ersatzfonds und Nationaleinkommen hauptsächlich von Veränderungen der Materialintensität bestimmt. Sinkende Materialintensität hat eindeutig ein Sinken

[62] Siehe zum Beispiel:
A. Aganbegjan, Zum System der ökonomisch-mathematischen Modelle für die Perspektivplanung, in: Einheit, H. 6/1969, S. 655–666;
W. Holzhütter, Gesetzmäßige Beziehungen zwischen Ersatzprodukt und Nettoprodukt im Gesamtprodukt des sozialistischen Reproduktionsprozesses und Möglichkeiten ihrer Darstellung, Dissertation;
Z. Kormilčikova, Die Rolle der Ökonomie der lebendigen und vergegenständlichten Arbeit bei der Erhöhung der Effektivität der Produktion, in: Ekonomičekie nauki H. 8/1969, S. 14–23;
G. Knobloch, Materialintensität und volkswirtschaftliche Effektivität, Schriftenreihe Planung und Leitung der Volkswirtschaft, H. 20, Berlin 1967;
K.-H. Stiemerling, Wachstumsprobleme des Nationaleinkommens in der Deutschen Demokratischen Republik, Berlin 1968

der Proportion zwischen Ersatzfonds und Nationaleinkommen zur Folge. Die Materialintensität bringt – unter Voraussetzung gleichbleibender gesellschaftlicher Organisation der Produktion – den Wirkungsgrad der Gesamtheit des eingesetzten Materials im Verhältnis zum damit produzierten Nationaleinkommen in physischer Struktur zum Ausdruck. *W. Stoph* betonte auf dem VIII. Parteitag, daß die Materialökonomie wesentlich an Bedeutung gewinnt.[63] Zur Erhöhung der volkswirtschaftlichen Effektivität durch Senkung der Materialintensität bestehen große Möglichkeiten. Das wird insbesondere an einigen Faktoren erkennbar, deren bessere Ausnutzung in Richtung einer sinkenden Materialintensität wirken kann:[64]

– spezifischer Materialeinsatz und Materialausnutzung

In den einzelnen Produktionsstufen entstehen bei der Bearbeitung und Verarbeitung des Materials technische und betriebsbedingte Verluste und Abfälle an eingesetzter Stoffmasse, die durch verbesserte Fertigungsverfahren und Technologien verringert werden können.

– Materialsubstitution

Durch den Ersatz bestimmter Materialien durch solche Materialien, die einen höheren ökonomischen Effekt gewährleisten, kann eine bessere Ausnutzung der verfügbaren Materialressourcen der Volkswirtschaft erreicht werden. Da dieser Ersatz häufig mit dem Wegfall ganzer Produktionsstufen verbunden ist, werden auch Grundmittel eingespart, und die Grundfondsintensität sinkt.

– Veredlungsgrad der Ausgangsstoffe

Durch einen höheren Veredlungsgrad der Ausgangsstoffe werden bessere Qualitäten und technische Gebrauchseigenschaften erzielt, die eine effektivere Weiterverarbeitung und Materialeinsparungen in den folgenden Produktionsstufen ermöglichen. Damit ist vor allem auch eine höhere Arbeitsproduktivität verbunden.

Bei stärkerer Konzentration auf die Ausnutzung dieser Faktoren kann also durchaus mit einem Sinken der Materialintensität gerechnet werden, wobei die Auswirkungen auf die volkswirtschaftliche Effektivität noch stärker sein können, weil sinkende Materialintensität oft mit einem Sinken der Produktionsfondsintensität und einem Steigen der gesellschaftlichen Arbeitsproduktivität verbunden ist.

Es existieren jedoch Prozesse der gesellschaftlichen Organisation der Produktion, wie Veränderungen der Zweigstruktur, die sowohl zu einem schnelleren als auch zu einem langsameren Wachstum des Ersatzfonds

63 W. Stoph, Bericht zur Direktive des VIII. Parteitages, a. a. O., S. 26

64 Vgl. G. Knobloch, Materialintensität und volkswirtschaftliche Effektivität, a. a. O., S. 120ff.

gegenüber den Nationaleinkommen führen können, indem die Materialintensität steigt oder sinkt.

In Richtung einer steigenden Tendenz der Materialintensität wirken beispielsweise

– die Bedürfnisentwicklung

Analog zur Fondsintensität ist es auch bei der Materialintensität möglich, daß zweigstrukturelle Faktoren ein Anwachsen der Materialintensität bewirken, wenn zukünftig die Bedürfnisentwicklung ein stärkeres Wachstum materialintensiver Zweige erfordert.

– Spezialisierung der Produktion

Die Spezialisierung von Produktionsstufen, wie bei der Fertigung von Einzelteilen, von Baugruppen und bei der Montage zu Enderzeugnissen, oder die Spezialisierung auf bestimmte Erzeugnisse in selbständigen Produktionseinheiten führt zu einer Steigerung des Materialumlaufs im volkswirtschaftlichen Maßstab, bewirkt aber über eine größere Serien- und Massenfertigung eine Steigerung der Arbeitsproduktivität.

In Richtung einer sinkenden Tendenz der Materialintensität können wirken

– Konzentration und Kombination der Produktion

Durch Konzentration der an der Herstellung eines Erzeugnisses beteiligten Betriebe unter einer Leitung, wenn ein konstruktiv und technologisch enger Zusammenhang zwischen den Produktionsstufen besteht, wird der Materialumlauf im volkswirtschaftlichen Maßstab gesenkt. Dadurch wird eine Steigerung der Arbeitsproduktivität möglich. Die gleiche Wirkung kann durch Kombination der Produktion kleinerer Betriebe mit gleichen oder ähnlichen Erzeugnissen und Technologien erzielt werden, wenn das zu einer besseren Arbeitsorganisation und Materialausnutzung führt.

– Einsparung von Produktionsstufen

Durch Materialsubstitution und Anwendung moderner Technologien, wie sie sich beispielsweise aus dem Übergang von der Kohle- zur Petrolchemie oder beim Übergang zur spanlosen Verformung von Metallerzeugnissen ergeben, fallen mehrere in verschiedenen Betrieben zu durchlaufende Produktionsstufen weg. Damit ist auch eine Senkung der Fondsintensität möglich.

Weiterhin ist die Materialintensität vom Typ der Außenwirtschaftsbeziehungen abhängig. Wenn im Außenhandel überwiegend Fertigerzeugnisse exportiert und Rohstoffe und Material importiert werden, ist die Materialintensität höher, als wenn überwiegend Rohstoffe und Material exportiert und Fertigerzeugnisse importiert werden.

Die Stärke der Wirkung dieser genannten und weiterer Faktoren muß anhand konkreter Bedingungen für einen bestimmten Zeitraum untersucht werden, um Aussagen über die Entwicklung der Materialintensität bzw. der Proportion zwischen Ersatzfonds und Nationaleinkommen treffen zu können.

2.2.3.4. Zu den Wachstumsrelationen zwischen Aufkommens- und Verwendungsproportionen des Nationaleinkommens

Auf der 8. Tagung des Zentralkomitees der SED wurde die Beantwortung der Frage gefordert, „welche Proportionen wir in Zukunft brauchen und herstellen müssen, um unsere Ökonomie von Jahr zu Jahr besser auf die Erfordernisse der Hauptaufgabe einzustellen.“[65] Dies ist eine dringende Aufgabe, die sich auch auf die Gestaltung der Aufkommens- und Verwendungsproportionen des Nationaleinkommens erstreckt.

1. Zu einigen allgemeinen Anforderungen der intensiv erweiterten Reproduktion an die Entwicklung der Grundproportionen

Die auf der Bedürfnisbefriedigung und den wissenschaftlich-technischen Prozessen beruhenden Entwicklungsrichtungen der Effektivitätsrelationen sind wechselseitig mit bestimmten Entwicklungsrichtungen der Grundproportionen verbunden. Darüber hinaus ergeben sich für die Aufkommens- und Verwendungsproportionen des Nationaleinkommens besondere Anforderungen, die bei der langfristigen Planung und Prognose über den gegenwärtigen Fünfjahrplan hinaus zu berücksichtigen sind. Sie sollen im folgenden zunächst kurz umrissen werden, wobei die Reihenfolge der Bestandteile des Nationaleinkommens hierbei keine Rangfolge darstellt:

A. Die intensive Erweiterung des Reproduktionsprozesses als Grundlage für die Befriedigung zukünftiger Bedürfnisse der sozialistischen Gesellschaft stellt hohe Anforderungen an die *Akkumulationskraft* der Volkswirtschaft.

a) *Produktive Akkumulation*

Neben der Sicherung eines optimalen Bestandes und optimaler Reserven an Umlaufmitteln wird der Bedarf an produktiven Investitionen in allen Zweigen wesentlich zunehmen. Dabei ist auf eine Erhöhung der *Effektivität* der Investitionen besonderes Gewicht zu legen. Insbesondere sind folgende sich an Investitionen, auch in Form der Investitionsbeteiligung, ergebende Anforderungen von Bedeutung:

[65] E. Honecker, Das Volk der DDR kann mit Zuversicht die Schwelle zum Jahr 1973 überschreiten, a. a. O., S. 26

Investitionen für die Energiebasis: Die Energiebasis der Volkswirtschaft muß mit dem allgemeinen Wirtschaftswachstum ständig erweitert werden. Das hat für ihren weiteren Ausbau einen hohen Anteil an der produktiven Akkumulation zur Folge. Im Prognosezeitraum werden zeitweilig besonders hohe Investitionen für die Entwicklung der Kernenergieproduktion erforderlich sein. Für die Energieerzeugung auf Braunkohlenbasis ergeben sich relativ wachsende Investitionen, da sich der Heizwert der Kohle verschlechtert und die Abbaubedingungen schwieriger werden.

Investitionen für die stoffliche Produktion (ohne Energie): In der stofflichen Produktion ist die Steigerung der Arbeitsproduktivität eine hervorragende Aufgabe. Die hierfür notwendige Konzentration der Produktion, Einführung moderner Technik und komplexe sozialistische Rationalisierung stellen ebenfalls hohe Anforderungen an die produktive Akkumulation. Insbesondere sind wachsende Investitionen in die Landwirtschaft zur Freisetzung von Arbeitskräften erforderlich. Die verstärkte Nutzung einheimischer Rohstoffe erfordert die Einführung effektiver Technologien, die zu einer Senkung der Materialintensität führen müssen. Um eine planmäßige proportionale Entwicklung aller Zweige und Bereiche der Volkswirtschaft zu gewährleisten, sind entsprechende Akkumulationsmittel auch für die Sicherung eines proportionalen Wachstums der Rohstoff- und Zulieferindustrie bereitzustellen. Ein zunehmender Aufwand wird zur Reproduktion der Umweltbedingungen (Luft, Wasser, Boden . . .) entstehen.

Investitionen für die materiellen Dienste (Verkehrswesen, Nachrichtenwesen, Handel, kommunale Versorgung): Zur Sicherung der wachsenden stofflichen Produktion ist eine stärkere Entwicklung der materiellen Dienste erforderlich. Erhöhte Investitionen sind insbesondere zur Modernisierung und zum Ausbau des Verkehrsnetzes und des Nachrichtenwesens sowie des Lager- und Umschlagwesens einzusetzen. Unter anderem ergibt sich auch ein größerer Aufwand für das Straßenverkehrsnetz im Zusammenhang mit dem Wachstum der individuellen Motorisierung.

b) Nichtproduktive Akkumulation

Entsprechend der wachsenden Bedeutung nichtproduzierender Bereiche für die sich verändernde Struktur der Bedürfnisse und ihres Einflusses auf die Steigerung der Arbeitsproduktivität steigen auch die Anforderungen an die nichtproduktive Akkumulation. Ein besonders stark wachsender Bedarf entsteht durch den Städte- und Wohnungsbau. Aber auch der Aufbau von Einrichtungen des Bildungswesens, des Gesundheits- und Sozialwesens, der Kultur, des Sports und der Erholung erfordert steigende Investitionen.

B. Die Gestaltung der entwickelten sozialistischen Gesellschaft ist nicht nur mit zunehmender Intensivierung des Reproduktionsprozesses, sondern auch mit einer wachsenden Ausrichtung aller gesellschaftlichen Prozesse auf die allseitige Entwicklung sozialistischer Persönlichkeiten verbunden. Hierzu gehört die Befriedigung der wachsenden materiellen und kulturellen Bedürfnisse durch eine kontinuierliche Entwicklung der *Konsumtion* unter Berücksichtigung eines immer stärkeren Wachstums der durch nichtmaterielle Leistungen zu befriedigenden Bedürfnisse.

a) *Gesellschaftliche Konsumtion*

Die gesellschaftliche Konsumtion wird im Prognosezeitraum das Wachstum der anderen Bestandteile des Konsumtionsfonds auch weiterhin überholen, da mit einer beschleunigten Zunahme der unentgeltlichen Leistungen der Gesellschaft für ihre einzelnen Mitglieder zu rechnen ist. Das betrifft vor allem das stark wachsende Bildungswesen, das Gesundheits- und Sozialwesen, sowie die kulturellen Leistungen.

b) *Individuelle Konsumtion aus Einkommen außerhalb der materiellen Produktion*[66]

Dieser Teil der individuellen Konsumtion wird stärker steigen als der Teil aus Einkommen innerhalb der materiellen Produktion, da die Zahl der im nichtproduzierenden Bereich Beschäftigten absolut und relativ zur Zahl der im produzierenden Bereich Beschäftigten wachsen wird. Außerdem ist mit einer absoluten und relativen Zunahme der übrigen Einkommensempfänger zu rechnen. (Unter anderem wird durch erhöhte Lebenserwartung die Zahl der Altersrentner steigen.)

c) *Individuelle Konsumtion aus Einkommen innerhalb der materiellen Produktion* (entspricht annähernd dem notwendigen Produkt[67])

Dieser Teil der individuellen Konsumtion wird durch das ständige Wachstum des Realeinkommens der Werktätigen in der materiellen Produktion kontinuierlich steigen. Hiervon wird auch die Einkommensentwicklung aller übrigen Einkommensempfänger bestimmt.

66 Hierunter werden zusammengefaßt: individuelle Konsumtion der im nichtproduzierenden Bereich Beschäftigten, der im Ausbildungsprozeß stehenden Personen, der nicht im arbeitsfähigen Alter befindlichen Personen, der nicht im Arbeitsprozeß stehenden arbeitsfähigen Personen.

67 Das gilt uneingeschränkt natürlich nur dann, wenn das notwendige Produkt im engeren Sinne als individuelle Konsumtion der im produzierenden Bereich Beschäftigten aufgefaßt wird. Im weiteren Sinne gehört z. B. ein Teil der Aufwendungen für Bildung zum notwendigen Produkt.

Aus den zu den Entwicklungsrichtungen der Effektivitätsrelationen gemachten Ausführungen und aus den o. g. Prozessen lassen sich zusammenfassend einige Entwicklungsrelationen von Bestandteilen des Nationaleinkommens ableiten.

2. *Wachstumsrelationen von Bestandteilen des Aufkommens und der Verwendung des Nationaleinkommens*

Um eine hohe Effektivität zu erreichen, wie sie sich in einem hohen Wachstum der Arbeitsproduktivität und in einem Sinken der Fondsintensität darstellt, sind bestimmte Aufwandsproportionen und Proportionen der Verteilung des Nationaleinkommens erforderlich. Die Verteilungsproportionen ergeben sich aber in gleichem Maße aus den Zielen der sozialistischen Gesellschaft. Unter Berücksichtigung der vorhandenen Ressourcen sind hieraus wiederum bestimmte Anforderungen an das Niveau der Effektivität des Reproduktionsprozesses abzuleiten. Dieser Sachverhalt findet seinen Ausdruck in notwendigen Entwicklungsrichtungen wichtiger zum System gehörender Grundproportionen.[68]

a) *Die Dynamik der Proportion zwischen Mehrprodukt und notwendigem Produkt*

Die Proportion zwischen Mehrprodukt und notwendigem Produkt[69] ist die grundlegende Proportion des Aufkommens an produziertem Nationaleinkommen und steht in enger Wechselbeziehung sowohl zu den Verteilungsproportionen des verwendeten Nationaleinkommens als auch zu den Effektivitätsrelationen, insbesondere zur Arbeitsproduktivität. Für die Effektivität der Volkswirtschaft ist es von großer Bedeutung, wie sich die Proportion zwischen Mehrprodukt und notwendigem Produkt gestaltet[70] und welcher Zusammenhang zur Proportion zwischen Akkumulation und Kon-

68 Die Grundproportionen werden hier in reiner Form betrachtet. Sie können aber auch je nach Art der Untersuchung in anderer Form dargestellt werden, z. B. die Proportion Ersatzfonds zu Nationaleinkommen als Ersatzfonds zu gesellschaftliches Gesamtprodukt und Nationaleinkommen zu gesellschaftliches Gesamtprodukt; die Proportion Akkumulation zu Konsumtion als Akkumulation zu Nationaleinkommen und Konsumtion zu Nationaleinkommen.

69 Mit der Proportion Mehrprodukt zu notwendiges Produkt ist vor allem noch die Relation zwischen Arbeitsproduktivität und Durchschnittslohn verbunden, deren Entwicklung schon in der ökonomischen Diskussion der fünfziger Jahre in der DDR eine große Rolle spielte.

70 Zu einigen mit dieser Proportion verbundenen Problemen sowie zur wachsenden Bedeutung des Mehrprodukts wurden bereits im ersten Kapitel der vorliegenden Arbeit (Abschnitt 1.2.1.3.) nähere Ausführungen gemacht.

sumtion besteht. Obwohl die in der Planungspraxis übliche statistische Erfassung dieser beiden Grundproportionen keineswegs theoretisch unproblematisch ist, werden sich die folgenden Ausführungen im wesentlichen auf die gebräuchlichen *statistischen* Kategorien stützen, um die im dritten Kapitel vorgenommene statistische Analyse der Zusammenhänge zu ermöglichen.

Mehrprodukt und notwendiges Produkt einerseits sowie Akkumulation und Konsumtion andererseits sind durch vielfältige Umverteilungsprozesse, insbesondere durch das Lohn- und Preissystem, miteinander verbunden. Um die für Effektivitätsanalysen notwendigen Entwicklungsvergleiche beider Grundproportionen durchführen zu können, wird versucht, die Proportion zwischen Akkumulation und Konsumtion mit der Proportion zwischen Mehrprodukt und notwendigem Produkt zu verbinden. Dabei ergibt sich annäherungsweise, daß das *Mehrprodukt* der Deckung des Bedarfs für die produktive und nichtproduktive Akkumulation, für die individuelle Konsumtion der im nichtproduzierenden Bereich Beschäftigten und für die nichtarbeitenden Personen sowie für die gesellschaftliche Konsumtion dient. Politökonomisch stellt das *notwendige Produkt* die Summe der Lebens- und Bildungskosten für die Reproduktion der Arbeitskraft auf gegebenem gesellschaftlichen Niveau dar und dient zugleich der Entfaltung sozialistischer Persönlichkeiten. Aber in Zusammenhang mit vorliegenden Untersuchungen wird der Begriff in einem engeren Sinne verwendet als Ausdruck der Mittel für die individuelle Konsumtion der im produzierenden Bereich Beschäftigten. Trotz dieser durchgeführten starken Vereinfachungen in bezug auf die Umverteilungsprozesse zeigt die Analyse im dritten Kapitel vorliegender Arbeit eine Übereinstimmung im Entwicklungsverlauf von Mehrprodukt und Akkumulation sowie von Konsumtion und notwendigem Produkt.[71]

Die Entwicklungsproportion zwischen Mehrprodukt und notwendigem Produkt hängt unmittelbar von der Entwicklung der Länge der Arbeitszeit der im produzierenden Bereich Beschäftigten und von der Steigerung der Arbeitsproduktivität ab. Eine Vergrößerung des Mehrprodukts durch Verlängerung der Arbeitszeit je Beschäftigten ist unter sozialistischen Bedingungen im Prinzip ausgeschlossen. Die hier vorherrschende Tendenz zur Verringerung der Arbeitszeit könnte eher in umgekehrter Richtung wirken. Jedoch wird eine Arbeitszeitverkürzung stets nur auf der Basis einer gestiegenen Arbeitsproduktivität im gesamten produzierenden Bereich erfolgen. Die Verlängerung der Mehrarbeitszeit durch Verkürzung der not-

[71] Die gleiche Feststellung wird auch von G. M. Sorokin getroffen. Vgl. G. M. Sorokin, Mehrprodukt und Akkumulationsrate, in: Wirtschaftswissenschaft, H. 7/1971, S. 1049

wendigen Arbeitszeit vollzieht sich ausschließlich durch Steigerung der Arbeitsproduktivität bei gleichzeitigem Wachstum des notwendigen Produkts je Beschäftigten. Letzten Endes kommt es nicht auf die absolute Länge der Mehrarbeitszeit an, sondern auf die Masse der in bestimmter Zeit produzierten Produkte, also auf die Arbeitsproduktivität. Marx bemerkt hierzu: „Sodann aber hängt es von der Produktivität der Arbeit ab, wieviel Gebrauchswert in bestimmter Zeit, also auch in bestimmter Mehrarbeitszeit hergestellt wird. Der wirkliche Reichtum der Gesellschaft und die Möglichkeit beständiger Erweiterung ihres Reproduktionsprozesses hängt also nicht ab von der Länge der Mehrarbeit, sondern von ihrer Produktivität und von den mehr oder minder reichhaltigen Produktionsbedingungen, worin sie sich vollzieht.“[72]

Unter den heutigen Bedingungen, die von der Erfüllung der ständig wachsenden, der sozialistischen Gesellschaft immanenten Ziele und durch die Verbindung der wissenschaftlich-technischen Revolution mit den Vorzügen der sozialistischen Gesellschaftsordnung gekennzeichnet sind, erhält – worauf schon mehrfach hingewiesen wurde – die Proportion zwischen Mehrprodukt und notwendigem Produkt wachsende Bedeutung.

Das Mehrprodukt wächst gesetzmäßig schneller als das notwendige Produkt, oder anders ausgedrückt: die Summe von Akkumulation, gesellschaftlicher Konsumtion und individueller Konsumtion aus Einkommen außerhalb der materiellen Produktion wächst schneller als die individuelle Konsumtion aus Einkommen innerhalb der materiellen Produktion.

(8) $$Mp' > nP'$$
bzw. $$(A + gK + iKnp)' > iKp'$$

Mp'	– Zuwachsrate des Mehrprodukts
nP'	– Zuwachsrate des notwendigen Produkts
A	– Akkumulation
gK	– gesellschaftliche Konsumtion
$iKnp$	– individuelle Konsumtion aus Einkommen außerhalb der materiellen Produktion
$(A + gK + iKnp)'$	– Zuwachsrate der Summe von A, gK und $iKnp$
iKp'	– Zuwachsrate der individuellen Konsumtion aus Einkommen innerhalb der materiellen Produktion

Diese Tendenz wurde von der bisherigen Entwicklung eindeutig bestätigt, jedoch wird das Wachstum des Mehrprodukts gegenüber dem Wachstum des notwendigen Produkts in Zukunft noch stärker beschleunigt werden müssen als bisher. Diese Forderung ergibt sich aus folgenden Hauptrichtungen der Entwicklung:

[72] K. Marx, Das Kapital, Dritter Band, a. a. O., S. 828

Erstens aus der Bedürfnisentwicklung, deren Schwerpunkt sich immer mehr auf die Gebiete der Bildung, des Gesundheitswesens, des Sports und der Erholung sowie der Kultur verlagert. Hier zeigt sich eine enge Wechselwirkung zur Wachstumsrelation zwischen Nationaleinkommen pro Kopf der Bevölkerung und gesellschaftlicher Arbeitsproduktivität. Eine Zunahme des Anteils der im nichtproduzierenden Bereich Beschäftigten ist nur möglich durch ein entsprechend stärkeres Wachstum des Mehrprodukts gegenüber dem notwendigen Produkt.
Zweitens aus der mit dem wissenschaftlich-technischen Fortschritt verbundenen und zur Steigerung der Effektivität im produzierenden und nichtproduzierenden Bereich notwendigen Erhöhung der Akkumulation.
Drittens aus den Möglichkeiten, die eine Erhöhung der Effektivität bietet, insbesondere die Steigerung der Arbeitsproduktivität und das schnellere Wachstum des Nationaleinkommens gegenüber dem Ersatzfonds. Hierbei spielt die Beherrschung der Prozesse der wissenschaftlich-technischen Revolution wie Automatisierung, Chemisierung und Elektronisierung des Produktionsprozesses eine große Rolle. Das Mehrprodukt bildet die Grundlage nicht nur für die Deckung des gegenwärtigen konsumtiven Bedarfs, sondern auch insbesondere für die Befriedigung der Bedürfnisse der Zukunft. Deshalb wird ein Teil des Mehrprodukts für die Akkumulation in die produzierenden und nichtproduzierenden Bereiche verwendet.

b) *Die Dynamik der Proportion zwischen Akkumulation und Konsumtion*

Aus der Problematik der Erfüllung gegenwärtiger und zukünftiger Bedürfnisse der sozialistischen Gesellschaft ergibt sich die grundlegende Rolle, die die Proportion zwischen Akkumulation und Konsumtion bei einer Effektivitätsanalyse spielt. Hierzu bemerkt Marx, daß sich die Sache in der kommunistischen Gesellschaft einfach darauf reduziere, „daß die Gesellschaft im voraus berechnen muß, wieviel Arbeit, Produktionsmittel und Lebensmittel sie ohne irgendwelchen Abbruch auf Geschäftszweige verwenden kann, die, wie Bau von Eisenbahnen zum Beispiel, für längre Zeit, ein Jahr oder mehr, weder Produktionsmittel noch Lebensmittel, noch irgendeinen Nutzeffekt liefern, aber wohl Arbeit, Produktionsmittel und Lebensmittel der jährlichen Gesamtproduktion entziehen.“[73]

Akkumulation und Konsumtion sind wichtige Momente des gesellschaftlichen Reproduktionsprozesses. *Konsumtion* ist Verwendung eines Teils des stofflichen Volumens des Nationaleinkommens für die unmittelbare Befriedigung menschlicher Bedürfnissse. *Akkumulation* ist Verwendung eines Teils des Nationaleinkommens für die Erweiterung des Repro-

[73] K. Marx, Das Kapital, Zweiter Band, in: MEW, Bd. 24, Berlin 1964, S. 316f.

duktionsprozesses.[74] Ohne Berücksichtigung der Beziehungen zwischen Akkumulation und Konsumtion ist es nicht möglich, die Effektivität des Reproduktionsprozesses richtig einzuschätzen und zu lenken. Diese Meinung vertritt auch *M. Čistjakov*, wenn er schreibt, daß das Kriterium der Effektivität – Maximierung des Umfangs des Nationaleinkommens im Verhältnis zu den Aufwendungen an lebendiger und vergegenständlichter Arbeit – bei optimalem Verhältnis zwischen Konsumtions- und Akkumulationsfonds gilt.[75] Akkumulation und Konsumtion stehen in einem dialektischen Verhältnis, das sich im Sozialismus nichtantagonistisch entwickelt. Das Optimum dieses Verhältnisses zu bestimmen, gehört zu den kompliziertesten Fragen der sozialistischen Wirtschaftspolitik. Zur Gestaltung und zu den Bedingungen des Optimums gibt es in der ökonomischen Literatur verschiedene Meinungen, die an dieser Stelle nicht alle angeführt werden können.[76]

Die Proportion zwischen Akkumulation und Konsumtion wird von vielen Faktoren bestimmt, im folgenden soll nur die Wirkung einiger wesentlicher Faktoren und Effektivitätsbeziehungen behandelt werden. Damit entfällt keineswegs eine detaillierte Untersuchung der strukturellen Zusammensetzung beider Fonds, die die Grundproportion wesentlich beeinflussen. Allgemein gesehen ist die Proportion zwischen Akkumulation und Konsumtion abhängig vom Stand von Wissenschaft und Technik und ihrer Anwendung sowie vom Niveau der konsumtiven Bedürfnisbefriedigung und der Größe der Bevölkerung. Bei gegebenem Konsumtionsniveau wir-

[74] Der Begriff „Akkumulation“ wird im Zusammenhang mit vorliegendem System noch nicht im weiteren Sinne als Mehrung des Nationalreichtums angewendet, sondern im engeren Sinne als Summe von produktiver und nichtproduktiver Akkumulation.

[75] Vgl. M. Čistjakov, Kennziffernsystem der Effektivität der gesellschaftlichen Produktion, a. a. O., S. 10

[76] Siehe zum Beispiel:
A. Braun, Maximale Steigerung der Produktivität der gesellschaftlichen Arbeit und optimale Proportionen zwischen Akkumulation und Konsumtion, in: Wirtschaftswissenschaft, H. 8/1969, S. 1133–1150;
A. Keck, Nationaleinkommen – Konsumtion, Berlin 1968;
G. Langendorf, Zu einigen Problemen der volkswirtschaftlichen Effektivität in Zusammenhang mit der rationellen Nutzung der Fonds und einer optimalen Akkumulationsrate, in: Wirtschaftswissenschaft, H. 1/1970, S. 55–59;
V. K. Poltorygin, Ekonomičeskie metody rasčeta effektivnosti proizvodstva, a. a. O.;
K.-H. Stiemerling, Wachstumsprobleme des Nationaleinkommens, a. a. O.;
B. N. Talalaev, Istočniki nakoplenija v narodnom chozjajstve SSSR, a. a. O.

ken Wissenschaft und Technik sowohl in Richtung einer steigenden Größe der Proportion infolge höherer Anforderungen an die Akkumulation als auch in Richtung einer sinkenden Größe infolge eines höheren Wirkungsgrades der Akkumulation. Wachstum der Arbeitsproduktivität ist auch hierbei die wesentliche Grundlage für die Gestaltung eines optimalen Entwicklungsverhältnisses.

Bei der Betrachtung des Zusammenhangs zur Wachstumsrelation zwischen Fondsausstattung und Arbeitsproduktivität sind zwei Fälle zu unterscheiden, von denen der erste zwar effektiver ist, der zweite aber unter bestimmten Bedingungen notwendig sein kann: Die Arbeitsproduktivität steigt schneller als die Fondsausstattung oder die Fondsausstattung steigt schneller als die Arbeitsproduktivität. Die Relation zwischen Arbeitsproduktivität und Fondsausstattung kann auf die Relation zwischen Wachstum des Nationaleinkommens und Wachstum der Produktionsfonds zurückgeführt werden. Wird ein bestimmter Zuwachs an Nationaleinkommen durch ein geringes Wachstum der Produktionsfonds erreicht, so entstehen auch Möglichkeiten für ein relativ geringeres Wachstum der Akkumulation und damit für eine sinkende Akkumulationsrate. Wird jedoch ein bestimmter Zuwachs an Nationaleinkommen nur durch einen noch stärkeren Zuwachs der Produktionsfonds erreicht, so kann sich die Notwendigkeit einer zunehmenden Rate der produktiven Akkumulation ergeben. Dadurch werden die Möglichkeiten zur Erhöhung der Konsumtion eingeschränkt. Im Hinblick auf die zukünftige Entwicklung des Nationaleinkommens wäre bei einer gleichbleibenden Akkumulationsrate im ersten Fall ein höheres Wachstum des Nationaleinkommens möglich als in zweiten Fall.

Der grundlegende Einfluß der Proportion zwischen Mehrprodukt und notwendigem Produkt auf die Proportion zwischen Akkumulation und Konsumtion wurde schon weiter oben angedeutet. Bei gegebener Effektivität der Akkumulation kann letztere im Interesse der zukünftigen Entwicklung um so größer sein, je mehr erstere steigt. Auch die Proportion zwischen Ersatzfonds und Nationaleinkommen übt einen wesentlichen Einfluß auf das Verhältnis zwischen Akkumulation und Konsumtion aus. Einmal beinhaltet ein Sinken des Ersatzfonds zugunsten des Nationaleinkommens größere Möglichkeiten für die Erhöhung der Akkumulation und Konsumtion. Zum anderen führt die größtmögliche Realisierung der neuen Technik über den Ersatzfonds dazu, daß weniger Mittel für die Akkumulation benötigt werden und somit die Konsumtion erhöht werden kann, was in Richtung einer sinkenden Entwicklungstendenz ihrer Proportion wirkt.

Im Gegensatz zur Proportion zwischen Mehrprodukt und notwendigem Produkt kann *keine allgemeine Gesetzmäßigkeit des vorrangigen Wachstums der Akkumulation gegenüber der Konsumtion* abgeleitet werden. Das Wachstumstempo beider Bestandteile des Nationaleinkommens wird nach den jeweils gegebenen politischen und ökonomischen Bedingungen einer Entwicklungsetappe festgelegt. Allgemein kann festgestellt werden, daß bei ständig wachsendem Lebensstandard, für den die Konsumtion eine entscheidende Größe ist, das Wachstumstempo der Akkumulation das der Konsumtion um so mehr übersteigen muß, je höher das geplante Entwicklungstempo der Wirtschaft ist. Andererseits kann die Konsumtion um so schneller wachsen als die Akkumulation, je höher die Effektivität der Akkumulation ist. Die Möglichkeiten für das Wachstum beider Fonds sind vom Wachstumstempo des Nationaleinkommens im gegebenen Zeitraum abhängig.

(9) $A' \gtreqless K'$

A' – Zuwachsrate der Akkumulation
K' – Zuwachsrate der Konsumtion.

In der Sowjetunion wird im laufenden neunten Fünfjahrplan mit einem stärkeren Wachstum des Konsumtionsfonds gegenüber dem Akkumulationsfonds gerechnet.[77] In der DDR wuchs bisher im allgemeinen die Akkumulation schneller als die Konsumtion.[78] Im Fünfjahrplan von 1971 bis 1975 ist vorgesehen, den Anteil der Akkumulation am Nationaleinkommen von etwa 24 Prozent im Jahre 1970 auf etwa 22 Prozent im Jahre 1975 zu senken.[79] *V. Medvedev* führt den steigenden Anteil der Akkumulation am Nationaleinkommen mit einem entsprechend verringerten Anteil der Konsumtion in der Sowjetunion während einer Reihe von Jahren auf eine ungenügende Effektivität der Produktion und der Investitionen zurück, und er schätzt das vorgesehene schnellere Wachstum des Konsumtionsfonds gegenüber dem Akkumulationsfonds als Erfolg einer erhöhten Effektivität ein.[80]

In dieser allgemeinen Form sind die Entwicklungstendenzen der Grundproportionen jedoch noch nicht genügend aussagefähig. Die globalen Proportionen müssen in ihre einzelnen Bestandteile aufgelöst werden, um die Wirkung der allgemeinen und besonderen Faktoren unterscheiden zu können. Aus der Entwicklung der Bedürfnisse, den Anforderungen des Intensivierungsprozesses und dem Einfluß der Entwicklung der Effektivitäts-

[77] Vgl. A. N. Kossygin, Die Direktiven des XXIV. Parteitages . . ., a. a. O., S. 21
[78] Vgl. drittes Kapitel vorliegender Arbeit
[79] Vgl. W. Stoph, Bericht zur Direktive des VIII. Parteitages . . ., a. a. O., S. 21
[80] W. Medvedev, Über die Kriterien der Effektivität der sozialistischen Produktion, a. a. O., S. 57

relationen ergeben sich bestimmte Entwicklungsrichtungen einzelner Proportionen, aus denen sich die Entwicklungsrelation der Grundproportionen zwischen Mehrprodukt und notwendigem Produkt einerseits sowie zwischen Akkumulation und Konsumtion andererseits zusammensetzt. Hierbei können sich die Einflüsse einzelner Bestandteile der Grundproportionen mit gegenläufigen Wirkungen anderer Faktoren überlagern.

c) *Die Dynamik der Proportion zwischen Akkumulation und notwendigem Produkt*

Das bisher vorhandene *schnellere Wachstum der Akkumulation gegenüber dem notwendigen Produkt* resultiert u. a. aus der steigenden Fondsausstattung als Voraussetzung und Folge des wissenschaftlich-technischen Fortschritts.

(1) $A' > nP'$

Ob sich diese Relation gegenüber der bisherigen Entwicklung zugunsten des notwendigen Produkts verschieben wird, hängt in großem Maße von der künftigen Effektivität der Investitionen im produzierenden und nichtproduzierenden Bereich ab.

d) *Die Dynamik der Proportion zwischen Konsumtion und notwendigem Produkt*

Die Konsumtion wächst schneller als das notwendige Produkt.

(2) $K' > nP'$

Aus den weiter oben genannten Prozessen ergibt sich, daß das vorrangige Wachstum der Konsumtion gegenüber der bisherigen Entwicklung in Zukunft stärker beschleunigt werden muß. Der individuelle Pro-Kopf-Verbrauch aus Einkommensquellen der materiellen Sphäre steigt mit wachsendem Lebensstandard. Sein Volumen wird jedoch langsamer wachsen als die gesamte individuelle Konsumtion. Hingegen wird die individuelle Konsumtion aus Einkommensquellen der nichtmateriellen Sphäre aufgrund der genannten Faktoren überdurchschnittlich steigen. Am stärksten von allen Bestandteilen des Konsumtionsfonds wird die gesellschaftliche Konsumtion wachsen. (Eine genauere Relation ergibt sich erst mit den zu planenden Umverteilungsprozessen im Zusammenhang mit der Preisbildung.)

(3) $gK' > iKnp' > nP'$

e) *Die Dynamik der Proportion zwischen Mehrprodukt und Akkumulation*

Die Entwicklung dieser Proportion ist eines der kompliziertesten Probleme innerhalb der Entwicklungstendenzen der beiden Grundproportionen Mehrprodukt zu notwendiges Produkt und Akkumulation zu Konsumtion.

Es geht hierbei insbesondere um das Wachstum der Summe von gesellschaftlicher Konsumtion und individueller Konsumtion aus Einkommen außerhalb der materiellen Produktion im Verhältnis zum Wachstum der Akkumulation.

Eine umfangreichere und bessere Erfüllung der individuellen und gesellschaftlichen konsumtiven Bedürfnisse, insbesondere der ständig wachsenden geistigen Bedürfnisse, erfordert zunächst ein stärkeres Steigen der gesellschaftlichen Konsumtion und der individuellen Konsumtion aus Einkommen außerhalb der materiellen Produktion, wenn im langfristigen Planungszeitraum die Arbeitskräftezahl im nichtproduzierenden Bereich schneller steigt als im produzierenden Bereich. Jedoch werden nicht nur mehr Arbeitskräfte im nichtproduzierenden Bereich benötigt, sondern sie müssen auch ständig mit mehr Fonds ausgestattet werden, was eine stärkere Erhöhung der nichtproduktiven Akkumulation zur Folge hat. Steigende Arbeitsproduktivität erfordert auch weiterhin ein Wachstum der produktiven Akkumulation. Senkung der Fondsintensität und Steigerung der Effektivität der Investitionen im produzierenden und nichtproduzierenden Bereich wirken demgegenüber einer Erhöhung der Akkumulation entgegen.

Bisher wuchs die Akkumulation schneller als das Mehrprodukt und die produktive Akkumulation schneller als die nichtproduktive Akkumulation.

(4) $$pA' > npA' > Mp'$$

pA' – Zuwachsrate der produktiven Akkumulation
npA' – Zuwachsrate der nichtproduktiven Akkumulation

Setzt sich die Tendenz eines schnelleren Wachstums der produktiven Akkumulation gegenüber dem Wachstum des Mehrprodukts über einen längeren Zeitraum fort, so erhöht sich der Anteil der produktiven Akkumulation am Mehrprodukt wesentlich. Dagegen geht der Anteil der nichtproduktiven Akkumulation, der gesellschaftlichen Konsumtion und der individuellen Konsumtion aus Einkommen außerhalb der materiellen Produktion zurück. Diese Entwicklung ist aber von einem bestimmten Zeitpunkt an bzw. bei Unterschreitung eines bestimmten Anteils nicht mehr wünschenswert, da auf der Grundlage einer mit dem wissenschaftlich-technischen Fortschritt möglichen wachsenden Effektivität der produktiven Akkumulation die Entwicklung neuer Bedürfnisse eine stärkere Ausweitung des nichtproduzierenden Bereichs erfordert. Daraus folgt die Notwendigkeit, den Anteil der individuellen Konsumtion aus Einkommen außerhalb der materiellen Produktion und der gesellschaftlichen Konsumtion zu vergrößern, was schließlich zu einer Umkehrung der Beziehung (4) führt.

(5) $$Mp' > A'$$

Innerhalb der produktiven Akkumulation ist mit einem schnelleren Wachstum der Investitionen für Verkehr, Post- und Fernmeldewesen sowie materielle Dienstleistungen gegenüber dem Wachstum der Investitionen für die stoffliche Produktion zu rechnen. Wenn die sich hieraus in Zukunft für einen bestimmten Zeitraum ergebenden starken Anforderungen an die produktive Akkumulation erfüllt sind, wird es möglich, daß die nichtproduktive Akkumulation stärker wachsen kann als die produktive Akkumulation.

(6) $npA' > pA'$

Unter Berücksichtigung der Beziehungen (1), (2), (3), (5) und (6) ergeben sich zusammengefaßt folgende Wachstumstendenzen:

$$gK' > iKnp' > npA' > pA' > nP'$$

Diese Tendenzen zeichnen sich für die langfristige Planung aus der Herausbildung neuer Bedürfnisse der sozialistischen Gesellschaft ab. Sie bringen vor allem zum Ausdruck, daß der Einfluß der nichtproduzierenden Bereiche im Hinblick auf die schnellere Entwicklung der geistig-kulturellen Bedürfnisse sowie als Voraussetzung für eine weitere hohe Steigerung der gesellschaftlichen Arbeitsproduktivität zunimmt. Das stellt jedoch hohe Anforderungen an die Intensivierung der Produktion und steht damit auch im wechselseitigen Zusammenhang mit bestimmten Entwicklungsrichtungen der Effektivitätsrelationen.

Das Mehrprodukt wächst unter anderem in dem Maße schneller als das notwendige Produkt, wie
- die gesellschaftliche Arbeitsproduktivität steigt und
- die gesellschaftliche Arbeitsproduktivität schneller steigt als das notwendige Produkt je Arbeitskraft.

Die gesellschaftliche Konsumtion und die individuelle Konsumtion aus Einkommen außerhalb der materiellen Produktion können zum Beispiel schneller wachsen als die Akkumulation, wenn folgende hauptsächliche Bedingungen erfüllt sind:
- die gesellschaftliche Arbeitsproduktivität wächst schneller als das Nationaleinkommen pro Kopf der Bevölkerung
- die gesellschaftliche Arbeitsproduktivität wächst schneller als die Ausstattung der Arbeitskraft mit Wissenschafts-, Bildungs- und Produktionsfonds
- das Nationaleinkommen wächst schneller als der Ersatzfonds
- die Effektivität der Akkumulation nimmt stärker zu als in vergangenen Zeiträumen.

Die nichtproduktive Akkumulation kann schneller wachsen als die produktive Akkumulation, wenn

- die gesellschaftliche Arbeitsproduktivität schneller wächst als die Fondsausstattung der Arbeitskraft im produzierenden Bereich
- die Effektivität der Akkumulation im produzierenden Bereich stärker steigt als im nichtproduzierenden Bereich.

Bisher konnten sich noch nicht alle oben genannten allgemeinen Wachstumstendenzen der Grundproportionen in der DDR über einen längeren Zeitraum durchsetzen.[81]

Bei den bisher behandelten Effektivitätsrelationen und Grundproportionen handelt es sich um den konzentriertesten Ausdruck bestimmter ökonomischer Beziehungen auf volkswirtschaftlicher Ebene. Es ist hierbei zu berücksichtigen, daß diese ökonomischen Beziehungen dem ständigen Einfluß struktureller Veränderungsprozesse unterliegen. Die Analyse der Effektivität des volkswirtschaftlichen Reproduktionsprozesses muß also durch Untersuchungen der auf die Effektivitätsrelationen und Grundproportionen einwirkenden strukturellen Veränderungen ergänzt werden.

2.2.3.5. Zur Aussagekraft des Systems synthetischer Effektivitätskriterien auf volkswirtschaftlicher Ebene

Abschließend sollen die Wachstumstendenzen einiger Effektivitätsrelationen und Grundproportionen zusammengefaßt werden, die sich aus den Erfordernissen und Möglichkeiten einer intensiven Entwicklung der Volkswirtschaft über längere Zeiträume ergeben. Sie bieten erste Anhaltspunkte für die Auswahl effektiver Varianten aus einer Anzahl von möglichen Varianten der Entwicklung des volkswirtschaftlichen Reproduktionsprozesses im Interesse einer ständig wachsenden Bedürfnisbefriedigung:

- die gesellschaftliche Arbeitsproduktivität wächst schneller als das Nationaleinkommen pro Kopf der Bevölkerung
- die gesellschaftliche Arbeitsproduktivität wächst schneller als die Produktionsfondsausstattung
- das Nationaleinkommen wächst schneller als der Ersatzfonds (unter Abstraktion von Veränderungen der gesellschaftlichen Arbeitsteilung)
- Mehrprodukt, Akkumulation und Konsumtion wachsen schneller als das notwendige Produkt
- die Wachstumsrelationen zwischen Mehrprodukt, Akkumulation und Konsumtion sind aus den jeweils gegebenen konkreten Bedingungen des Reproduktionsprozesses und den sich aus der Bedürfnisbefriedigung ableitenden Anforderungen festzulegen.

[81] Vgl. drittes Kapitel vorliegender Arbeit.

Die Einhaltung bestimmter Wachstumsrelationen zwischen den Effektivitätskriterien wird mit fortschreitender Entwicklung der sozialistischen Gesellschaft immer mehr zu einem dringenden Erfordernis. Hierzu müssen jedoch die Wachstumsrelationen quantifiziert werden, das heißt es müssen die Differenzen der Zuwachs- beziehungsweise Wachstumsraten ermittelt werden, die bisher nur allgemein als Ungleichungen angegeben wurden.

Die Kompliziertheit der Fragestellung zeigt sich deutlich bei der Planung beziehungsweise Prognose der Effektivität, wenn aus verschiedenen Möglichkeiten der Effektivitätsentwicklung die effektivste Variante auszuwählen ist. Innerhalb der verschiedenen Varianten werden sich die einzelnen Elemente sehr unterschiedlich und zum Teil gegenläufig entwickeln. Maßstab der Effektivität des Reproduktionsprozesses ist letzten Endes, in welchem Grade die gesellschaftlichen Bedürfnisse befriedigt werden. Diese Frage ist jedoch nicht allein innerhalb des gegebenen Systems der Effektivitätskriterien zu entscheiden. Es sind unter Berücksichtigung aller auch außerhalb des Systems liegenden Bedingungen gesellschaftliche, politische, kulturelle und andere Bedürfnisse zu ermitteln. Hierbei ist es wesentlich, zu welchem Zeitpunkt eine bestimmte Zielstellung erreicht werden soll, weil sich daraus Entscheidungen über die Aufteilung des Nationaleinkommens für Akkumulation und Konsumtion ableiten. Die Auswahl der auf der Basis der sozialistischen Produktionsverhältnisse zu befriedigenden Bedürfnisse aus einer Vielzahl von möglichen Bedürfnissen und ihre Konkretisierung in bestimmten Bedarfskomplexen erfolgt zunächst außerhalb des Systems. Der Grad der Effektivität ist bei derjenigen Variante am höchsten, mit der die ausgewählten Bedürfnisse unter Voraussetzung gleichen Aufwands qualitativ und quantitativ am besten befriedigt werden können beziehungsweise zu einem frühesten Zeitpunkt realisiert werden können. Oder es ist bei Vorgabe bestimmter zu erfüllender Bedürfnisse in einem bestimmten Zeitraum diejenige Variante am effektivsten, die es erlaubt, diese Bedürfnisse mit geringstem Aufwand zu befriedigen.

Bei gegenläufiger Entwicklung einzelner Aufwandselemente kann jedoch auch dann noch keine eindeutige Aussage über die Entwicklung der Effektivität getroffen werden. Es macht sich erforderlich, eine gewisse Rangordnung der einzelnen Elemente des Systems aufzustellen, die darüber Auskunft gibt, in welchem Maße die einzelnen Effektivitätsrelationen und Grundproportionen für die Effektivitätsentwicklung ausschlaggebend sind. Diese Rangordnung folgt sowohl aus den sich außerhalb des Systems ergebenden Anforderungen der gesellschaftlichen Entwicklung als auch aus der Stellung der Elemente innerhalb des Systems. Ein Beispiel für eine sich aus der Stellung der Elemente im System ergebende Rangfolge ist in Abbildung 6 gegeben.

Matrix der direkten Wirkungszusammenhänge von Elementen des Systems

	$\frac{NF}{B}$	Ap	Fa	f_i	$\frac{Mp}{NP}$	$\frac{A}{K}$	$\frac{EF}{NE}$
$\frac{NE}{B}$							
Ap	+		+	+	+	+	+
Fa		+		+		+	
f_i		+				+	+
$\frac{Mp}{np}$		+				+	
$\frac{A}{K}$		+	+				
$\frac{EF}{NE}$		+		+		+	

Inhalt der Zeile: Wirkung des Zeilenelements auf die Elemente der Spalten
Inhalt der Spalte: Wirkung der Elemente der Zeilen auf das Spaltenelement

Auswertung der Matrix: (nach Anzahl der Wirkungen)

	Wirkung auf andere Elemente	Wirkung von anderen Elementen	Summe der Wirkungszusammenhänge	Rangfolge der Elemente nach Anzahl der Wirkungszusammenhänge
$\frac{NE}{B}$	0	1	1	1. Ap
Ap	6	5	11	2. $\frac{A}{K}$
Fa	3	2	5	3. f_i
f_i	3	3	6	4. Fa u. $\frac{EF}{NE}$
$\frac{Mp}{nP}$	2	1	3	5. $\frac{Mp}{nP}$
$\frac{A}{K}$	2	5	7	
$\frac{EF}{NE}$	3	2	5	6. $\frac{NE}{B}$

Abb. 6

In vorliegender Form ermöglicht das System von Effektivitätsrelationen und Grundproportionen zunächst eine zusammenfassende Übersicht zur Übereinstimmung von notwendigen und möglichen Entwicklungstendenzen der Effektivität. Aus der Bestimmung von gesellschaftlich notwendigen Bedürfnissen ergibt sich die Entwicklung bestimmter Bedürfniskomplexe, die durch Erzeugnisse und Leistungen zu befriedigen sind. Hieraus folgen Anforderungen an die Entwicklung volkswirtschaftlicher Grundproportionen, die ihrerseits für ihre Verwirklichung bestimmte Effektivitätsrelationen erfordern. Aus der Prognostizierung der wissenschaftlich-technischen Entwicklung ergeben sich unter Berücksichtigung vorhandener Ressourcen mögliche Entwicklungsrichtungen der Effektivitätsrelationen, die wiederum auch von der Entwicklung der Grundproportionen abhängig sind. Innerhalb des Systems ist die Übereinstimmung zwischen den notwendigen und möglichen Entwicklungsrichtungen herauszustellen, indem alle wechselseitigen Zusammenhänge und Verflechtungen der Elemente beachtet werden. Daraus ergeben sich zweifellos verschiedene mögliche Varianten. Abgesehen von einzelnen trivialen Fällen, wenn sich beispielsweise alle Elemente positiv entwickeln und die Größenordnungen einer Variante günstiger sind als die aller anderen Varianten, kann eine Auswahl der effektivsten Varianten im Rahmen des vorgegebenen Systems erst dann erfolgen, wenn es gelungen ist, eine Rangfolge der Effektivitätskriterien zu ermitteln und die mathematische Verknüpfung der Elemente des Systems festzustellen.

3. Zur Anwendung des Systems synthetischer volkswirtschaftlicher Effektivitätskriterien bei der empirischen Analyse des Reproduktionsprozesses der DDR im Zeitraum von 1955 bis 1970

Die *theoretische Diskussion* über Möglichkeit, Notwendigkeit und Bestandteile eines Systems von Effektivitätskennziffern muß zwangsläufig ziemlich abstrakt geführt werden. Aber das ist nur eine Seite des Problems, denn allein von dieser Warte aus ist eine umfassende Einschätzung des Zusammenhangs der verschiedenen effektivitätsbestimmenden Prozesse nicht möglich. Ein anderer wichtiger Aspekt ist die *Anwendung* anhand konkreter Kennziffern der volkswirtschaftlichen Gesamtrechnung. Die praktische Behandlung liefert wesentliche Erkenntnisse über Inhalt, Vorteile und Grenzen von Kennziffern, die bei rein theoretischer Betrachtung überhaupt nicht zutage treten. Hierbei kann die Analyse vergangener Zeiträume auch wesentliche Aussagen für die Gestaltung zukünftiger Prozesse bringen.

Die folgenden Ausführungen stützen sich auf umfangreiche statistische Analysen über den Zeitraum von 1955 bis 1970, die hier jedoch nicht in vollem Umfang wiedergegeben werden. Es wird nicht angestrebt, ein zusammenfassendes Urteil über die Effektivität des sozialistischen Reproduktionsprozesses der DDR abzugeben. Das ist in einer Monographie auch gar nicht möglich. Die kurze Übersicht über volkswirtschaftliche Zusammenhänge anhand der praktischen Effektivitätskennziffern soll nur die Anwendung des Systems synthetischer volkswirtschaftlicher Effektivitätsrelationen und Grundproportionen demonstrieren.

3.1. Methodische Probleme und Abgrenzung des Untersuchungsbereichs

Entsprechend den im zweiten Kapitel behandelten synthetischen Effektivitätskriterien werden bei der empirischen Analyse *zusammenhängender Entwicklungstendenzen aus volkswirtschaftlicher Sicht* in der volkswirtschaftlichen Gesamtrechnung vorhandene synthetische Effektivitätskennziffern und sich aus der Verflechtungsbilanz des gesellschaftlichen Gesamtprodukts ergebende Grundproportionen angewendet. Vor allem kommt es darauf an, wie mit den synthetischen Kennziffern der gegenseitige Zusammenhang und die Wechselwirkungen der effektivitätsbestimmenden Prozesse erfaßt werden können.

Zur *Aussagekraft* der synthetischen Effektivitätskennziffern sind einige einschränkende Bemerkungen erforderlich. Die Kennziffern ermöglichen zwar eine quantitative Darstellung volkswirtschaftlicher Effektivitätsbeziehungen, sie können die in der Realität ablaufenden Prozesse jedoch *nur angenähert* widerspiegeln. Dabei spielen besonders die im folgenden skizzierten Bedingungen und Voraussetzungen eine wesentliche Rolle:

Konkrete Aussagen über die *Annäherung an gesellschaftliche Ziele* sind sehr bedingt, da diese zum Teil nur schwer oder auch gar nicht quantitativ erfaßbar sind, wie z. B. die soziale Sicherheit oder das Kulturniveau. Das gilt auch für politische, historische und geographische Bedingungen, unter denen der Reproduktionsprozeß abläuft. Hierfür müssen Indikatoren gefunden werden, die eine annähernd genaue Beurteilung der Erfüllung bestimmter Aufgaben erlauben. So wird der Grad der Befriedigung materieller und geistiger Bedürfnisse teilweise nur mittelbar über den Aufwand für einen bestimmten Zweck (Bau von Schulen, gesundheitlichen Betreuungseinrichtungen und so weiter) gemessen und nicht durch die Erreichung des Zweckes selbst. Ebenso sind die *qualitativen, technischen, stofflichen und anderen Faktoren* des Arbeitsprozesses, wie beispielsweise die Entwicklung der Qualifikation der Arbeitskräfte und der dazu erforderliche Aufwand, das technische Niveau der Produktionsmittel oder auch die materiell-gebrauchswertmäßige Struktur des Nationaleinkommens bei einer Zusammenfassung auf volkswirtschaftlicher Ebene nur sehr bedingt erfaßbar. Dadurch wird die Aussagekraft der Kennziffern natürlich stark eingeschränkt.

Außerdem ist die Aussagefähigkeit der Kennziffern vom *bestehenden Preissystem* abhängig, denn einer Analyse der Effektivität auf volkswirtschaftlicher Ebene, die auf einem hohen Aggregationsgrad der Kennziffern beruht, können in erster Linie nur *Preis*kennziffern zugrunde gelegt werden, obwohl sie den Nachteil haben, daß sie bereits Umverteilungsprozesse enthalten. *Natural*kennziffern sind wegen der Nichtvergleichbarkeit der einzelnen Bestandteile weitgehend ausgeschlossen. *Zeit*kennziffern sind besonders deshalb ungenau, weil damit die Differenz zwischen tatsächlich verausgabtem und gesellschaftlich notwendigem Arbeitsaufwand nicht erfaßt wird und das Problem der Reduktion komplizierter auf einfache Arbeit nicht gelöst ist. Sie sind jedoch als Ergänzungsmöglichkeit bei einer weitergehenden Analyse von Teilbereichen der Volkswirtschaft, besonders auf betrieblicher und zweiglicher Ebene, zweckmäßig.

Da es bei den Untersuchungen um *langfristige Entwicklungsvergleiche* geht, mußten die besonderen Einflüsse von Preisveränderungen weitgehend ausgeschaltet und *vergleichbare* Preise herangezogen werden. Die Untersuchung des realen, verfügbaren Nationaleinkommens in seiner materiellen Struktur erfordert ebenfalls die Anwendung vergleichbarer Preise als Indikatoren für die Entwicklung seines Gebrauchswertvolumens.

Um alle Elemente des Systems miteinander vergleichbar zu machen, wurde den Berechnungen einheitlich das *verwendete Nationaleinkommen* zugrunde gelegt. Entsprechend der im ersten Kapitel vorliegender Arbeit begründeten Auffassung über die Bedürfnisbefriedigung als Komponente der Effektivität wurde als Ergebnis der gesellschaftlichen Arbeit das *verwendete* Nationaleinkommen in die Gesamtberechnungen zur Ermittlung bestimmter Tendenzen der Effektivitätsbeziehungen einbezogen, da es die Konsumtions- und Produktionsmittel repräsentiert, die *tatsächlich* zur Befriedigung der Bedürfnisse zur Verfügung stehen. Somit ist die Effektivität der Außenwirtschaftsbeziehungen schon teilweise mit berücksichtigt. Das schließt nicht aus, daß auch einzelne Berechnungen durchzuführen sind, die sich auf das produzierte Nationaleinkommen beziehen, um die Effektivität bestimmter Teilbereiche des Reproduktionsprozesses zu ermitteln. Beispielsweise können bei genaueren Berechnungen alle Kennziffern des produzierenden Bereichs zunächst auf das produzierte Nationaleinkommen bezogen werden und anschließend auf das verwendete Nationaleinkommen umgerechnet und mit den anderen Kennziffern verglichen werden. Das wird besonders im Planungs- und Prognosezeitraum erforderlich sein, wenn in der Differenz zwischen produziertem und verwendetem Nationaleinkommen sich die aus dem vertieften Integrationsprozeß zwischen den sozialistischen Ländern ergebenden Kreditbeziehungen durch Investitionsbeteiligung, Ausführung gemeinsamer Projekte und anderes mehr niederschlagen werden. Da zwischen Aufwand und Ergebnis größere Zeitverzögerungen eintreten können, ergeben sich zusätzliche Probleme für einen realen Ausweis der Effektivität.

Weiterhin ist zu berücksichtigen, daß Kennziffern auf volkswirtschaftlicher Ebene auch von den verschiedenen *Struktur-*, *Organisations-*, *Substitutions- und Stufeneffekten* beeinflußt sind.[1] Besonders wichtig sind hierbei auftretende Effekte durch

[1] Von der konkreten Untersuchung dieser Effekte wird hier abgesehen. Dazu liegen im einzelnen schon Ausarbeitungen vor, zum Beispiel
zu Struktureffekten, vgl. A. Braun, Versuch einer quantitativen Bestimmung des Einflusses einiger wichtiger Wachstumsfaktoren auf das ökonomische Wachstum in der DDR von 1960 bis 1966, in: H. Maier/G. Schilling/K. Steinitz, Zu Grundfragen der sozialistischen Wachstumstheorie, a. a. O., S. 66–106;
zu Substitutionseffekten vgl. M. Mehnert, Studie über Substitutionsbeziehungen der Wachstumsfaktoren (nicht veröffentlicht), Zentralinstitut für Wirtschaftswissenschaften der AdW der DDR;

– Veränderungen der *Struktur* zwischen dem produzierenden und nichtproduzierenden Bereich, der stofflichen und nichtstofflichen Produktion sowie zwischen den Bereichen und Zweigen der materiellen Produktion

– Veränderungen der *Organisation* der Produktion durch Spezialisierung und Kombination

– *Substitution* verschiedener Erzeugnisse, die gleichartige Bedürfnisse befriedigen, in der Konsumtions- und Produktionssphäre

– Veränderungen der Anzahl der vom Rohstoff zum Fertigerzeugnis zu durchlaufenden *Produktionsstufen*, beispielsweise die Einsparung von Stufen beim Einsatz effektiverer Rohstoffe (Ersatz von Kohle durch Erdöl) oder die Entstehung neuer Stufen durch höhere Veredlung des Ausgangsmaterials.

Diese Effekte haben oftmals einen wesentlichen Anteil an den durch globale Kennziffern ausgedrückten Veränderungen der Effektivität des Reproduktionsprozesses.

3.2. Die Entwicklung wichtiger Effektivitätskennziffern und ihre Wachstumsrelationen im Zeitraum von 1955 bis 1970

Auf der Grundlage der im zweiten Kapitel vorliegender Arbeit behandelten komplexen Zusammenhänge von Effektivitätskriterien sollen im folgenden Entwicklungstendenzen der Effektivitätsrelationen und Grundproportionen in der Volkswirtschaft der DDR für den Zeitraum von 1955 bis 1970 dargestellt werden. Der Zusammenhang der einzelnen Bestandteile des Systems volkswirtschaftlicher Effektivitätskriterien ist insbesondere an den Abhängigkeiten ihrer Wachstumsrelationen erkennbar. Dabei ist zu berücksichtigen, daß sich aus den gesellschaftlichen Erfordernissen Anforderungen an das Verhältnis der Entwicklungstempi von Effektivitätsrelationen und Grundproportionen untereinander und zueinander ergeben. Diese Anforderungen an die Relationen der Wachstumstempi von Elementen des Systems sind in erster Linie abhängig von

– der Entwicklung der Bedürfnisse sowie dem Grad ihrer Befriedigung durch Erzeugnisse und Leistungen,
– der Entwicklung von Wissenschaft und Technik sowie ihrer Umsetzung in die Praxis,
– mit diesen beiden Prozessen verbundenen Strukturveränderungen innerhalb des Reproduktionsprozesses.

zu Stufeneffekten vgl. R. Schöneck, Zur Anwendung der Kennziffer Fondsintensität bei Effektivitätsuntersuchungen im Stufenprozeß der Industrieproduktion, a. a. O.

Die sich aus den Aufgaben bei der Gestaltung der entwickelten sozialistischen Gesellschaft ergebenden effektiven Wachstumsrelationen einzelner Effektivitätskriterien zueinander sowie die sie bestimmenden Faktoren wurden im Abschnitt 2.2.3. dargestellt. Im folgenden soll eine Übersicht über den tatsächlichen Verlauf der Wachstumsrelationen von 1955 bis 1970 gegeben und damit geprüft werden, inwieweit sich die genannten Relationen schon in der Praxis durchgesetzt haben.

3.2.1. Zur Analyse der Wachstumsrelation zwischen gesellschaftlicher Arbeitsproduktivität und Nationaleinkommen pro Kopf der Bevölkerung

Tabelle 5 gibt eine Übersicht über das Wachstum des Nationaleinkommens pro Kopf der Bevölkerung, der gesellschaftlichen Arbeitsproduktivität und über die ihre gegenseitigen Wachstumsrelation bestimmende Entwicklung von Bevölkerung und Arbeitskräften.

Das *verwendete Nationaleinkommen pro Kopf der Bevölkerung* stieg von 1955 bis 1970 auf 243 Prozent (vergleiche Abbildung 7). Die jährlichen Zuwachsraten waren jedoch unterschiedlich hoch, sie nahmen von 1956 bis 1958 zu und sanken von 1959 bis 1963; im Jahr 1963 ging das verwendete Nationaleinkommen absolut zurück. Danach zeigten die Zuwachsraten wieder eine zunehmende Tendenz, die nur 1967/1968 unterbrochen wurde. Diese Entwicklung wurde hauptsächlich von der Steigerung der gesellschaftlichen Arbeitsproduktivität bestimmt (vergleiche Abbildung 7).

Da als Bezugsbasis das *verwendete* Nationaleinkommen genommen wurde, ist ein Teil der Schwankungen der jährlichen Zuwachsraten auf Außenwirtschaftsprozesse zurückzuführen. Während die Zuwachsraten des verwendeten Nationaleinkommens im Untersuchungszeitraum zwischen 13 Prozent und −1 Prozent liegen, also einen Schwankungsbereich von 14 Punkten umfassen, schwanken die Zuwachsraten des produzierten Nationaleinkommens nur um 8 Punkte (zwischen 10 Prozent und 2 Prozent).

Die *gesellschaftliche Arbeitsproduktivität*, berechnet als verwendetes Nationaleinkommen je im produzierenden Bereich Beschäftigten, stieg von 1955 bis 1970 auf 238 Prozent (vergleiche Abbildung 7). Die jährlichen Zuwachsraten nahmen ungefähr bis 1958 zu, bis 1963 ab und erhöhten sich bis 1970 mit Ausnahme der Jahre 1967/1968 wieder.

Für die *Wachstumsrelation* zwischen gesellschaftlicher Arbeitsproduktivität und Nationaleinkommen pro Kopf der Bevölkerung wurde unter dem Gesichtspunkt der vorwiegend intensiv erweiterten Reproduktion gefordert, daß die gesellschaftliche Arbeitsproduktivität schneller wachsen muß

Tabelle 5

Wachstum des verwendeten Nationaleinkommens pro Kopf der Bevölkerung, der gesellschaftlichen Arbeitsproduktivität, der Bevölkerung und der Arbeitskräfte in der DDR*

	$\frac{v\ NE^{**}}{B}$		Ap		1955 = 100			
Jahr	1955 = 100	jährl. Zuwachs %	1955 = 100	jährl. Zuwachs %	B^{***}	AKg[1]	AKp[2]	$AKnp$[3]
1955	100,0	—	100,0	—	100,0	100,0	100,0	100,0
1956	108,7	8,7	108,2	8,2	98,7	99,4	99,2	100,8
1957	119,4	9,8	116,3	7,5	97,6	100,5	100,2	101,7
1958	135,7	13,6	131,7	13,2	97,1	100,0	100,0	100,3
1959	147,8	9,0	143,8	9,2	96,9	100,5	99,6	105,5
1960	158,4	7,1	153,9	7,0	96,4	99,5	99,2	101,6
1961	160,9	1,6	155,8	1,2	95,8	99,6	98,9	103,3
1962	165,7	3,0	161,6	3,8	96,1	99,5	98,5	105,0
1963	163,1	– 1,6	160,9	– 0,5	96,3	99,0	97,6	106,7
1964	174,2	6,8	169,7	5,4	95,4	99,2	97,9	106,2
1965	183,7	5,4	179,3	5,7	95,6	99,4	97,9	107,9
1966	194,6	5,9	190,7	6,3	95,7	99,5	97,7	109,6
1967	203,4	4,5	198,7	4,2	95,8	99,9	98,1	109,9
1968	208,6	2,5	204,3	2,8	95,8	99,9	97,8	111,3
1969	226,7	8,7	221,6	8,5	95,8	100,3	97,9	113,6
1970	243,3	7,3	237,7	7,2	95,7	100,6	97,9	115,6

* Die Berechnungen für diese und die folgenden Tabellen wurden durchgeführt nach Daten der statistischen Jahrbücher der DDR, der Staatlichen Zentralverwaltung für Statistik, des Zentralinstituts für Wirtschaftswissenschaften der Akademie der Wissenschaften der DDR (zu vergleichbaren Preisen 1967)

** Übersicht über verwendete Kennziffern und Symbole befindet sich im Anhang

*** Stichtagszahlen

1 Stichtagszahlen, ohne Lehrlinge

2 1955–1959 ohne „Sonstige produzierende Zweige"

3 1955–1959 einschließlich „Sonstige produzierende Zweige"

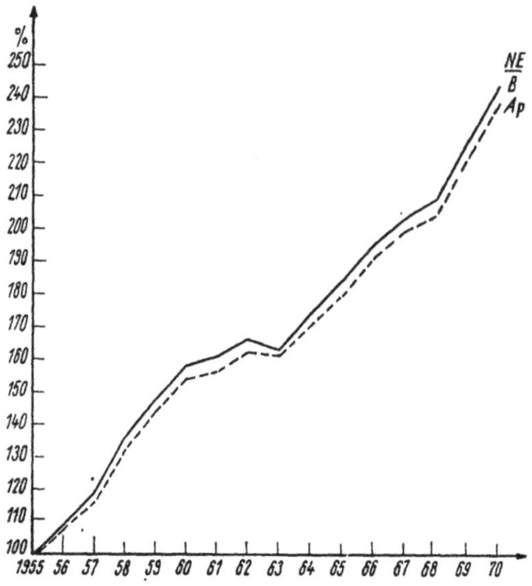

Abb. 7: Wachstum des verwendeten Nationaleinkommens pro Kopf der Bevölkerung $\left(\frac{NE}{B}\right)$ und der gesellschaftlichen Arbeitsproduktivität (Ap)

als das Nationaleinkommen pro Kopf der Bevölkerung. Die Analyse der tatsächlichen Entwicklung ergibt, daß die Arbeitsproduktivität mit einer durchschnittlichen jährlichen Zuwachsrate während des gesamten Untersuchungszeitraumes (1955–1970) von 6,0 Prozent hinter dem Nationaleinkommen pro Kopf der Bevölkerung (durchschnittliche jährliche Zuwachsrate 6,1 Prozent) zurückblieb. Das ist unter anderem für die fünfziger Jahre ein Ausdruck dafür, daß noch nicht alle Bedingungen für diese Entwicklung ausgereift waren. Für volkswirtschaftliche Betrachtungen sind die 0,1 Punkte Differenz zwischen den beiden durchschnittlichen jährlichen Zuwachsraten nicht unwesentlich. Eine um 0,1 Punkte größere Steigerung der Arbeitsproduktivität in diesem Zeitraum hätte bei gleichem Nationaleinkommen immerhin zu einer Freisetzung von etwa 150000 Arbeitskräften führen können.

Das Nationaleinkommen pro Kopf der Bevölkerung wuchs etwas schneller als die Arbeitsproduktivität, weil die Anzahl der im produzierenden Bereich Beschäftigten weniger abnahm als die Gesamtbevölkerung. Die Anzahl der Gesamtbeschäftigten stieg im Verhältnis zur Bevölkerung jedoch

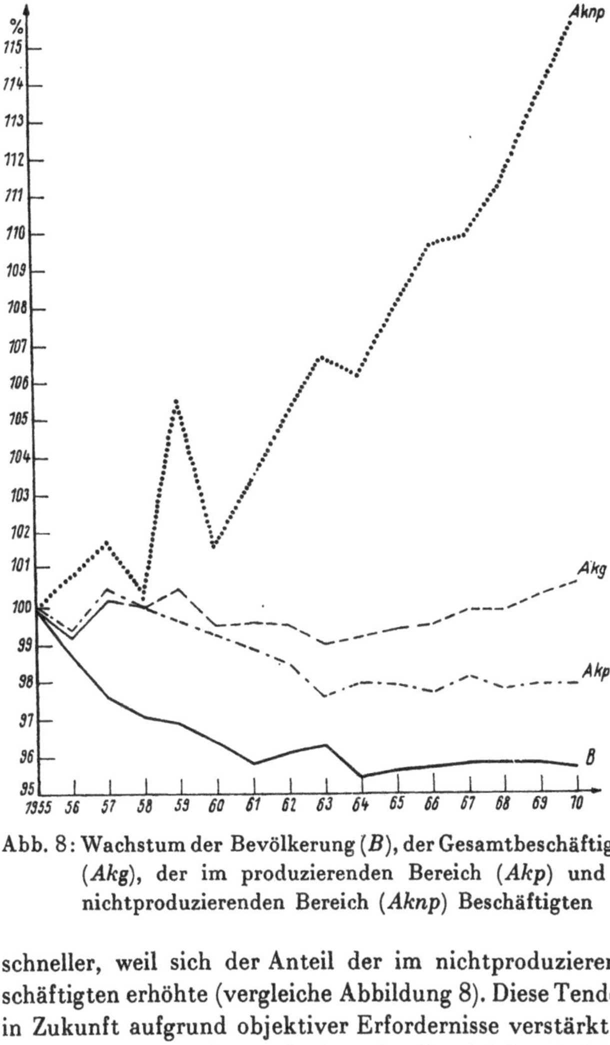

Abb. 8: Wachstum der Bevölkerung (B), der Gesamtbeschäftigten (Akg), der im produzierenden Bereich (Akp) und im nichtproduzierenden Bereich ($Aknp$) Beschäftigten

schneller, weil sich der Anteil der im nichtproduzierenden Bereich Beschäftigten erhöhte (vergleiche Abbildung 8). Diese Tendenzen werden sich in Zukunft aufgrund objektiver Erfordernisse verstärkt fortsetzen, wobei das Verhältnis der im produzierenden Bereich Beschäftigten zur Bevölkerung sogar eine sinkende Tendenz annehmen kann.

Nur in einzelnen Jahren wuchs die gesellschaftliche Arbeitsproduktivität schneller als das Nationaleinkommen pro Kopf der Bevölkerung, und in der letzten Zeit unterscheiden sich diese Wachstumsrelationen nicht mehr stark voneinander (vergleiche Abbildung 9). Die Tendenz eines stärkeren Wachstums der Arbeitsproduktivität wird sich in verstärktem Maße durchsetzen, wenn eine höhere Effektivität im produzierenden Bereich zu verzeichnen ist und mehr Arbeitskräfte im nichtproduzierenden Bereich eingesetzt werden.

Die weiter oben getroffene Aussage eines um 0,1 Punkte schnelleren Wachstums der Arbeitsproduktivität gegenüber dem Nationaleinkommen pro Kopf der Bevölkerung über einen längeren Zeitraum reicht jedoch zur Effektivitätseinschätzung nicht aus, da hieran nicht zu erkennen ist, ob eine *kontinuierliche* Entwicklung vorliegt. Die Unterschiede zwischen den beiden Wachstumsraten haben nämlich in den einzelnen Jahren relativ

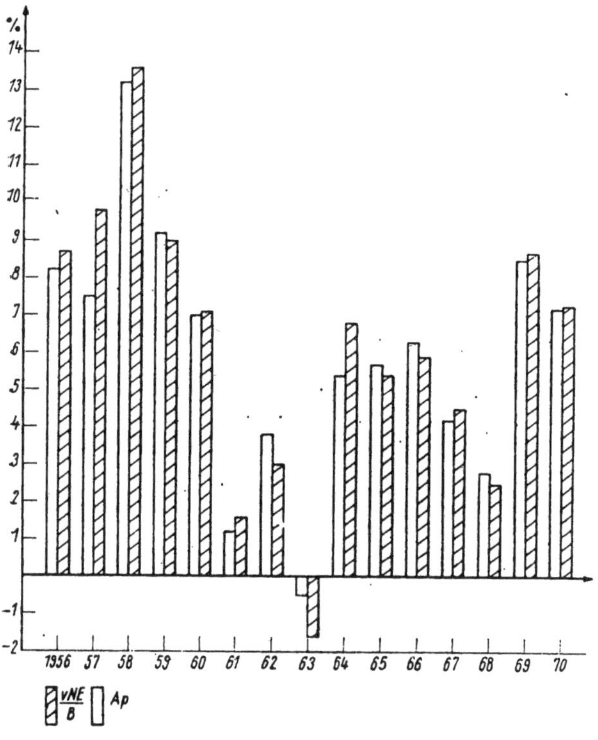

Abb. 9: Jährliche Zuwachsraten des verwendeten Nationaleinkommens pro Kopf der Bevölkerung $\left(\frac{vNE}{B}\right)$ und der gesellschaftlichen Arbeitsproduktivität (*Ap*)

große Werte angenommen. Es ergeben sich zwei Extremfälle: 1963 sank das Nationaleinkommen pro Kopf der Bevölkerung (Zuwachsrate – 1,6 Prozent) um 1,1 Punkte schneller als die Arbeitsproduktivität (Zuwachsrate – 0,5 Prozent); 1957 blieb die Arbeitsproduktivität (Zuwachsrate 7,5 Prozent) um 2,3 Punkte hinter dem Wachstum des Nationaleinkommens pro Kopf der Bevölkerung (Zuwachsrate 9,8 Prozent) zurück. Diese Betrachtungen verdeutlichen, daß die *Effektivität* des Reproduktionsprozesses in enger Wechselbeziehung zur *Kontinuität* der Entwicklung des verwendeten Nationaleinkommens steht, die wiederum eine Voraussetzung für die kontinuierliche Erfüllung der produktiven und nichtproduktiven Bedürfnisse der Gesellschaft bildet. Eine nichtkontinuierliche Entwicklung kann außer auf die Entwicklung der Außenwirtschaftsbeziehungen auch auf eine ungünstige Gestaltung wichtiger Proportionen des Nationaleinkommens (besonders der Grundproportion zwischen Akkumulation und Konsumtion) zurückzuführen sein oder die Folge einer zu geringen Steigerung der Arbeitsproduktivität, schlechten Ausnutzung der Grundfonds und des Materials und so weiter darstellen, was sich in einer negativen Entwicklung der entsprechenden Kennziffern niederschlägt. Diese nichtkontinuierliche Entwicklung wirkt dann ihrerseits auf die Grundproportionen und Effektivitätsrelationen zurück. Die Bestrebungen richten sich aus diesem Grunde darauf, „eine noch größere ... Kontinuität und Ausgeglichenheit unserer volkswirtschaftlichen Aufwärtsentwicklung zu bewirken."[2]

Unter diesen Gesichtspunkten ist deshalb noch der Schwankungsbereich der Zuwachsraten zu untersuchen, wobei unter Schwankungsbereich der Abstand zwischen der größten jährlichen Zuwachsrate (Maximum) und der kleinsten jährlichen Zuwachsrate (Minimum) in einem bestimmten Zeitabschnitt verstanden wird.

Tabelle 6 gibt einen Überblick über die Schwankungsbereiche der Zuwachsraten von gesellschaftlicher Arbeitsproduktivität und Nationaleinkommen pro Kopf der Bevölkerung in drei Zwischenzeitabschnitten des gesamten Untersuchungszeitraums.[3]

Tabelle 6

Zeitraum	Zuwachsrate *Ap*			Zuwachsrate $\frac{NE}{B}$		
	Max.	Min.	Schwankungsbereich	Max.	Min.	Schwankungsbereich
1956–1959	13,2	7,5	5,7	13,6	8,7	4,9
1960–1964	7,0	– 0,5	7,5	7,1	– 1,6	8,7
1965–1970	8,5	2,8	5,7	8,7	2,5	6,2

2 E. Honecker, Bericht des Zentralkomitees an den VIII. Parteitag der SED, a. a. O., S. 56

3 Die Periodisierung wurde nach Zeitabschnitten mit im allgemeinen positiver oder weniger positiver Entwicklung der Effektivitätskennziffern vorgenommen. Es ist selbstverständlich je nach Anliegen spezieller Untersuchungen auch eine andere Einteilung der Zeitabschnitte denkbar.

Die Schwankungsbereiche der Zuwachsraten der beiden Kennziffern sind während des gesamten Zeitraums relativ groß, wobei der Schwankungsbereich der Zuwachsrate des Nationaleinkommens pro Kopf der Bevölkerung den der Arbeitsproduktivität ab 1960 noch übersteigt. Es ist jedoch interessant, daß die stärksten Schwankungen sich gerade auf den Zeitraum von 1960 bis 1964 konzentrieren, in dem die Effektivitätsrelationen sich ungünstig entwickelten. In diese Zeit fallen nicht nur die stärksten negativen Abweichungen der jährlichen Zuwachsraten beider Kennziffern von den durchschnittlichen jährlichen Zuwachsraten, sondern auch die Umkehrung von einer sinkenden in eine steigende Tendenz der Grundfondsintensität ab 1961 und ein schnelleres Wachstum des Ersatzfonds gegenüber dem Nationaleinkommen ab 1959.[4] Vorwegnehmend sei darauf hingewiesen, daß auch die Zuwachsraten des Mehrprodukts, der Akkumulation und der Konsumtion in diesem Zeitraum den stärksten Schwankungen ausgesetzt waren.

Die auftretenden Schwankungen machen einerseits auf eine unkontinuierliche Entwicklung in bestimmten Zeitabschnitten aufmerksam, sie lassen jedoch andererseits auch erkennen, daß die erforderlichen Wachstumsrelationen sich nur als Tendenz, aber nicht Jahr für Jahr durchsetzen können. Seit 1955 zeigt sich nicht nur eine günstigere Entwicklung der Wachstumsrelation zwischen gesellschaftlicher Arbeitsproduktivität und Nationaleinkommen pro Kopf der Bevölkerung (obwohl die erforderlichen effektiven Wachstumsrelationen noch nicht erreicht wurden), es ist auch eine größere Kontinuität dieser Entwicklung festzustellen. Die Schwankungsbereiche betragen zwischen 1965 und 1970 für die Arbeitsproduktivität nur noch 5,7 Punkte und für das Nationaleinkommen pro Kopf der Bevölkerung nur noch 6,2 Punkte. Der Zeitraum ist jedoch zu kurz, um daraus eine allgemeine Entwicklungstendenz ableiten zu können.

3.2.2. Zur Analyse der Wachstumsrelation zwischen Fondsausstattung der Arbeitskraft und gesellschaftlicher Arbeitsproduktivität

Die Ausstattung der Arbeitskraft mit Fonds umfaßt vor allem die Produktionsfonds-, Wissenschaftsfonds- und Bildungsfondsausstattung. Dabei gibt es jedoch noch keine näheren Untersuchungen über die notwendigen Relationen, die zwischen den Größenordnungen dieser drei Fondsarten bestehen müssen.

Tabelle 7 gibt eine Übersicht über das Wachstum der Grundfondsausstattung und -intensität sowie der Bildungsfondsausstattung und -inten-

[4] Vgl. die noch folgenden Tabellen 7 und 9

Tabelle 7
Wachstum der Grundfondsausstattung, der Grundfondsintensität, der Bildungsfondsausstattung und der Bildungsfondsintensität in der DDR

Jahr	GFa 1955 = 100	GFa jährl. Zuwachs Prozent	f_{GF} 1955 = 100	f_{GF} jährl. Zuwachs Prozent	$\frac{BFp^*}{AKp}$ 1955 = 100	$\frac{BFp}{vNE}$ 1957 = 100
1955	100,0	—	100,0	—		
1956	103,6	3,6	96,4	— 3,6		
1957	105,7	1,9	89,3	— 7,4	100,0	100,0
1958	108,8	3,0	82,1	— 8,0	112,8	99,7
1959	113,6	4,5	78,6	— 4,3	129,2	104,5
1960	119,3	5,0	78,6	0	137,2	103,7
1961	126,5	6,0	82,1	4,5	138,1	103,1
1962	135,1	6,8	82,1	0	136,4	98,2
1963	144,9	7,3	89,3	8,7	136,8	98,9
1964	153,3	5,8	89,3	0	140,8	96,6
1965	162,3	5,8	89,3	0	150,2	97,4
1966	171,4	5,6	89,3	0	155,3	94,8
1967	178,0	3,9	89,3	0	160,1	93,7
1968	187,0	5,1	92,9	4,0	160,7	91,6
1969	194,8	4,1	85,7	— 7,7	161,5	84,7
1970	205,8	5,6	85,7	0	178,3	87,3

* Die Größe der Bildungsfonds wurde übernommen aus: U. Ludwig/H. Maier/J. Wahse, Bildung als ökonomische Potenz im Sozialismus, Berlin 1972, S. 347

sität. Die Produktionsfondsausstattung ließ sich aufgrund fehlender statistischer Daten über die Umlauffonds nur als *Grundfondsausstattung der Arbeitskraft* ermitteln.

Die *Grundfondsausstattung*, berechnet als durchschnittlicher jährlicher Grundmittelbestand je im produzierenden Bereich Beschäftigten, stieg im Untersuchungszeitraum ziemlich kontinuierlich auf 206 Prozent (vergleiche Abbildung 10). Die jährlichen Zuwachsraten wichen bei weitem nicht so stark voneinander ab wie bei der Arbeitsproduktivität, sie wuchsen von 1957 bis 1963 und blieben von 1964 bis 1970 mit Ausnahme der Jahre 1967 und 1969 etwa gleich hoch. Die Schaffung von Bedingungen für die Arbeitsproduktivitätssteigerung durch das Wachstum der Grundfondsausstattung einerseits und deren effektive Nutzung im laufenden Produktionsprozeß andererseits weisen also erhebliche Diskrepanzen auf. Die Ursachen dafür liegen im gesamten Wirkungsmechanismus der sozialistischen Ökonomik unter den konkreten Bedingungen der DDR und müssen noch grundlegend untersucht werden.

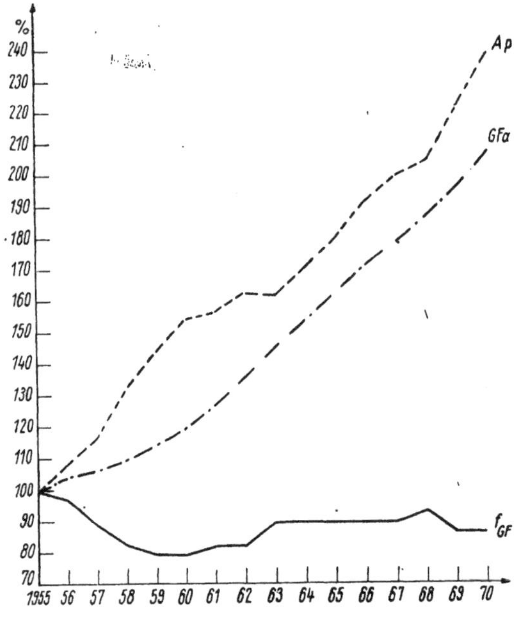

Abb. 10: Wachstum der gesellschaftlichen Arbeitsproduktivität (*Ap*), der Grundfondsausstattung (*GFa*) und der Grundfondsintensität (f_{GF})

Für die *Wachstumsrelation* zwischen Grundfondsausstattung und Arbeitsproduktivität wurde festgestellt, daß für eine Erhöhung der Effektivität über einen längeren Zeitabschnitt betrachtet ein schnelleres Wachstum der gesellschaftlichen Arbeitsproduktivität gegenüber der Grundfondsausstattung vorteilhaft ist. Die Analyse der im Untersuchungszeitraum vorhandenen Tendenz ergibt, daß die gesellschaftliche Arbeitsproduktivität mit einer durchschnittlichen jährlichen Zuwachsrate von 6,0 Prozent tatsächlich stärker stieg als die Grundfondsausstattung (durchschnittliche jährliche Zuwachsrate 4,9 Prozent). Das kommt auch in der Entwicklung der Grundfondsintensität zum Ausdruck (vergleiche Abbildung 10), aus der aber ersichtlich ist, daß die ständig steigende Grundfondsausstattung nicht immer in genügendem Maße zur Steigerung der Arbeitsproduktivität genutzt werden konnte. Zwar sank die Grundfondsintensität von 1955 bis 1970 auf 86 Prozent ab, jedoch steht einem starken Sinken von 1955 bis 1960 eine steigende Tendenz von 1961 bis 1968 gegenüber. Erst 1969/1970 ist sie wieder etwas gesunken. Einen Einfluß auf diese Entwicklung hatte die mehr oder minder starke Investitionstätigkeit zur Freisetzung von Arbeitskräften im produzierenden Bereich. In der Periode der stark fallenden Fondsintensität sank die Anzahl der im produzierenden Bereich Beschäftigten nur auf 99,2 Prozent (1955 = 100), während in der nachfolgenden Periode mit steigender Grundfondsintensität die Zahl der Beschäftigten auf 97,8 Prozent sank. 1969/1970 blieb die Anzahl der Beschäftigten wie auch die Grundfondsintensität etwa konstant. Das Steigen beziehungsweise Gleichbleiben der Grundfondsintensität erklärt sich also auch daraus, daß ein Teil der Investitionen für die absolute Freisetzung von Arbeitskräften eingesetzt wurde. Dieser Prozeß müßte bei stärkerer Abnahme der im produzierenden Bereich Beschäftigten in Zukunft besonders beachtet werden.

Ein wichtiger Faktor für das Steigen der Grundfondsintensität war zweifellos die ungenügende Aussonderung veralteter Grundmittel. In der Periode sinkender Grundfondsintensität von 1955 bis 1960 war der Zuwachs an Grundmitteln jährlich etwa so hoch wie die Nettoinvestitionen im produzierenden Bereich, in der Periode steigender beziehungsweise konstanter Grundfondsintensität war er wesentlich höher als die Nettoinvestitionen. Erst ab 1967 hat sich diese Relation wieder verbessert. Je höher die Altersstruktur der Grundmittel ist, um so weniger kann sich unter sonst gleichen Bedingungen das Produktionsergebnis im Verhältnis zu den Grundmitteln erhöhen.

Weitere Faktoren der steigenden Grundfondsintensität waren die nicht ausreichende extensive und intensive zeitliche Auslastung der Grundmittel, der zu niedrige Anteil der Ausrüstungsinvestitionen, die zu langen Fristen bis zur vollen Inbetriebnahme der Investitionsobjekte u. a. m. Hinzu kommt noch, daß von 1959 bis 1968 der Materialverbrauch von Jahr zu Jahr schneller stieg als das Nationaleinkommen, so daß auch dadurch mehr Grundmittel für die Produktion von Grund- und Zwischenprodukten gebunden wurden beziehungsweise eine nicht genügende hohe Aussonderung vorgenommen werden konnte.

Die gesellschaftliche Arbeitsproduktivität wuchs während des gesamten Zeitraums jährlich im Durchschnitt um 1,1 Punkte schneller als die Grundfondsausstattung. Aber dieser Durchschnitt ergibt sich aus einer sehr unterschiedlichen Entwicklung in einzelnen Zeitabschnitten. Die jährliche Zuwachsrate der Arbeitsproduktivität war von 1956 bis 1960 größer, von 1961 bis 1965 kleiner, von 1966 bis 1970 mit Ausnahme des Jahres 1968 größer als die Zuwachsrate der Grundfondsausstattung (vergleiche Abbildung 11).

Das extrem günstige Verhältnis ergibt sich für das Jahr 1958, in dem die Zuwachsrate der Arbeitsproduktivität (13,2 Prozent) einen Abstand von

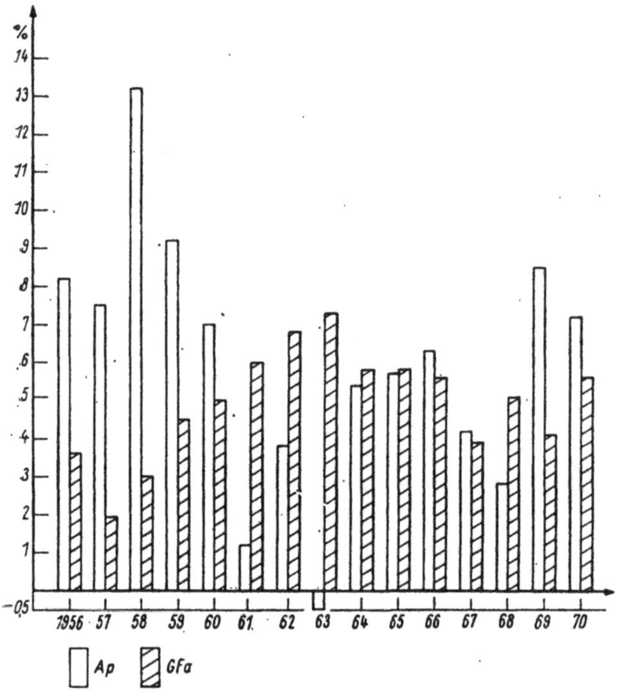

Abb. 11: Jährliche Zuwachsraten der gesellschaftlichen Arbeitsproduktivität (*Ap*) und der Grundfondsausstattung (*GFa*)

10,2 Punkten zur Zuwachsrate der Grundfondsausstattung (3,0 Prozent) hat. Im Jahre 1963 wurde der Zuwachs der Arbeitsproduktivität (– 0,5 Prozent) am stärksten vom Zuwachs der Grundfondsausstattung (7,3 Prozent) überholt, der Abstand beträgt 7,8 Punkte. Im Gegensatz zur Wachstumsrelation zwischen gesellschaftlicher Arbeitsproduktivität und Nationaleinkommen pro Kopf der Bevölkerung sind diese relativ großen Abstände nicht beiden Kennziffern, sondern vor allem der Arbeitsproduktivität geschuldet.

Tabelle 8 gibt einen Überblick über die Schwankungsbereiche der Zuwachsraten von gesellschaftlicher Arbeitsproduktivität und Grundfondsausstattung.

Tabelle 8

Zeitraum	Zuwachsrate *Ap*			Zuwachsrate *GFa*		
	Max.	Min.	Schwankungsbereich	Max.	Min.	Schwankungsbereich
1956–1959	13,2	7,5	5,7	4,5	1,9	2,6
1960–1964	7,0	– 0,5	7,5	7,3	5,0	2,3
1965–1970	8,5	2,8	5,7	5,8	3,9	1,9

Der Schwankungsbereich der jährlichen Zuwachsraten der Grundfondsausstattung ist wesentlich kleiner als der der Arbeitsproduktivität, die Grundfondsausstattung hatte relativ konstante Zuwachsraten. Das trifft auch für den Zeitraum von 1960 bis 1964 zu. Also können die starken Schwankungen der Zuwachsraten der Arbeitsproduktivität in diesem Zeitraum nicht auf die Grundfondsausstattung zurückgeführt werden.

Bei kontinuierlicher Entwicklung des Nationaleinkommens kann sich die geforderte Wachstumsrelation unter diesem Gesichtspunkt auch über einen kürzeren Zeitraum durchsetzen. Das zeigt besonders die Entwicklung seit 1965, wo wir wieder geringere Schwankungsbereiche beider Zuwachsraten zu verzeichnen haben. Gleichzeitig ist die Tendenz der vorher gleichbleibenden Grundfondsintensität im Zeitraum von 1963 bis 1967 in eine etwa gleichbleibende Tendenz (1969/70) übergegangen.

Die *Ausstattung der Arbeitskraft mit Bildungsfonds*, wie sie von U. Ludwig/H. Maier/J. Wahse als „akkumulierte" Bildungskosten aufgefaßt werden[5], wuchs von 1957 bis 1970 auf 178 Prozent. Wenn auch die Bildungskosten das Bildungs- und Qualifikationsniveau der Arbeitskräfte nicht exakt widerspiegeln können, so zeigt sich doch in der Tendenz des

[5] Vgl. U. Ludwig/H. Maier/J. Wahse, Bildung als ökonomische Potenz, a. a. O., S. 43

ständig wachsenden Bildungsfonds je Arbeitskraft, daß das Bildungsniveau ständig gestiegen ist (vergleiche Tabelle 7).

Ein Entwicklungsvergleich der *Bildungsfondsintensität,* das heißt ein Vergleich des Wachstums der Bildungsfonds mit der Entwicklung des verwendeten Nationaleinkommens, ergibt unterschiedliche Größen. Die Bildungsfondsintensität stieg von 100 Prozent im Jahre 1957 auf 103 Prozent im Jahre 1961. Von 1962 an sank sie bis 1970 auf 87 Prozent (vergleiche Tabelle 7). Diese sinkende Tendenz hängt teilweise mit der sinkenden Anzahl der im produzierenden Bereich Beschäftigten zusammen, deren Ausstattung mit Bildungsfonds im gleichen Zeitraum jedoch beträchtlich zunahm.

Aus der Entwicklung der Bildungsfondsintensität für sich genommen können noch keine Aussagen über die Wirkung eines erhöhten Qualifikationsniveaus auf die Produktion des Nationaleinkommens getroffen werden, weil eine verbesserte Qualifikation nur im Zusammenhang mit der Steigerung der Arbeitsproduktivität, der intensiveren Ausnutzung der Grundmittel und des Materials usw. wirksam wird. Außerdem ist die Zeitspanne zwischen dem Zeitpunkt des Aufwands für die Bildung und dem Zeitpunkt des Wirksamwerdens der Bildungsfonds relativ größer, als das bei den Produktionsfonds der Fall ist. Während dieser Zeitspanne und darüber hinaus kann ein „moralischer Verschleiß" des Wissens eintreten. Von Interesse ist jedoch auch die umgekehrte Fragestellung: Wie wirkt die Entwicklung des Nationaleinkommens auf das Wachstum der Bildungsfonds? In einigen Jahren mit einer relativ geringen Zunahme des verwendeten Nationaleinkommens stiegen auch die Bildungsfonds nur relativ wenig an beziehungsweise sanken (zum Beispiel 1961 bis 1963, 1968). Das Wachstum der Bildungsfonds ist also nicht nur von der Notwendigkeit, sondern auch von der Möglichkeit des Wachstums des Nationaleinkommens und der volkswirtschaftlichen Effektivität abhängig. Die extensive Entwicklung der Bildungsfonds muß notwendigerweise mit einer verbesserten Ausnutzung der Arbeitskräfteressourcen und ihrer Potenzen verbunden sein. Das erfordert effektive Proportionen im Bildungswesen (zum Beispiel proportionale Entwicklung der einzelnen Qualifikationsstufen zueinander) und zwischen dem Bereich Bildung und den anderen Bereichen des Reproduktionsprozesses.

Die *Ausstattung der Arbeitskraft mit materiellen Wissenschaftsfonds* (beziehungsweise Forschungsfonds) ist – soweit es sich um den produzierenden Bereich handelt – in der Produktionsfondsausstattung enthalten. Die gesamten materiellen Wissenschaftsfonds in den produzierenden und nichtproduzierenden Bereichen, darunter im Bereich Wissenschaft, konnten bislang noch nicht gesondert errechnet werden. Deshalb ist es auch nicht möglich, eine allgemeine *Wissenschaftsfondsintensität* als Verhältnis von materiellen Wissenschaftsfonds zum Nationaleinkommen zu ermitteln. Die Aussagekraft einer solchen Kennziffer wäre auch stark begrenzt, da die Wissenschaftsfonds in den einzelnen Stufen der wissenschaftlichen Forschung von der Grundlagenforschung bis zur angewandten Forschung und Entwicklung im Betrieb – anders als bei den Produktionsfonds in der materiellen Produktion – in sehr unterschiedlichem Grade mit der Produktion von Nationaleinkommen verbunden sind. Die Masse der eingesetzten Wissenschaftsfonds ist sehr stark von den Proportionen zwischen Natur- und technischen Wissenschaften einerseits und den Gesellschaftswissenschaften andererseits, zwischen Grundlagenforschung und angewandter Forschung sowie von den speziellen Entwicklungsrichtungen von Wissenschaft und Technik abhängig.

3.2.3. Zur Analyse der Wachstumsrelation zwischen Ersatzfonds und Nationaleinkommen

Tabelle 9 zeigt eine Übersicht über die Entwicklung der Proportion zwischen Ersatzfonds und Nationaleinkommen sowie zwischen Materialverbrauch und Nationaleinkommen.

Tabelle 9
Entwicklung der Proportion zwischen Ersatzfonds und Nationaleinkommen sowie der Materialintensität in der DDR

	$\frac{EF}{NE}$		m_i
Jahr	1955 = 100	jährl. Zuwachs %	1955 = 100
1955	100,0	–	100,0
1956	97,5	– 2,5	98,2
1957	94,1	– 3,4	94,5
1958	93,3	– 0,9	94,5
1959	97,5	4,5	98,2
1960	99,2	1,7	100,9
1961	102,5	3,4	103,7
1962	105,9	3,3	107,3
1963	112,6	6,3	113,8
1964	116,0	3,0	117,4
1965	116,8	0,7	118,3
1966	117,6	0,7	119,3
1967	119,3	1,4	122,0
1968	125,2	4,9	127,5
1969	124,4	– 0,6	125,7
1970	123,5	– 0,7	124,8

Die *Proportion zwischen Ersatzfonds und Nationaleinkommen* stieg über den gesamten Zeitraum auf 124 Prozent (vergleiche Abbildung 12). Die jährlichen Zuwachsraten hatten bis 1958 eine sinkende Tendenz, von 1959 bis 1968 stiegen sie in unterschiedlicher Höhe. Erst ab 1969 begannen sie wieder zu sinken. Da die Relation zwischen Abschreibungen und Nationaleinkommen etwa konstant blieb und der Materialverbrauch den weitaus größten Anteil am Ersatzfonds einnimmt, ist die Entwicklung der Proportion zwischen Ersatzfonds und Nationaleinkommen vor allem von Veränderungen des Verhältnisses zwischen Materialverbrauch und Nationaleinkommen abhängig. Das ist auch aus Abbildung 12 ersichtlich.

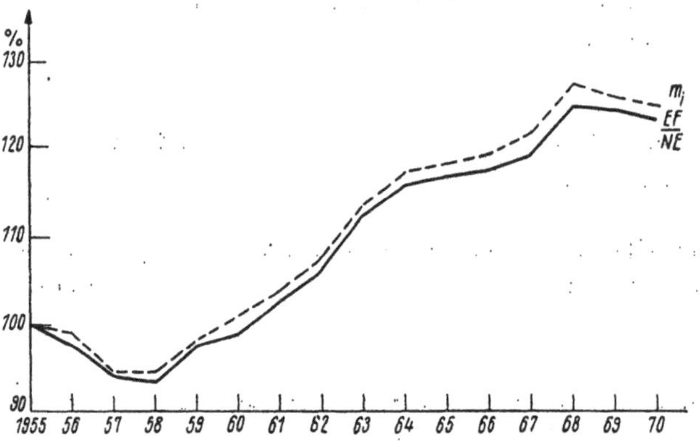

Abb. 12: Entwicklung der Proportion zwischen Ersatzfonds (*EF*) und Nationaleinkommen (*NE*) sowie der Materialintensität (m_i)

Es besteht ein teilweise enger Zusammenhang zwischen der Entwicklung dieser Proportion und den anderen Kennziffern des Systems. Die Umkehrung der jährlichen Zuwachsraten der Proportion zwischen Ersatzfonds und Nationaleinkommen von negativen in positive ab 1959, das heißt ein stärkeres Steigen des Ersatzfonds gegenüber dem Nationaleinkommen, fiel zusammen mit abnehmenden jährlichen Zuwachsraten der Arbeitsproduktivität ab 1959 und mit einer Umkehrung der bisher sinkenden in eine steigende Grundfondsintensität ab 1961. Im Jahre 1963 war gemeinsam die stärkste Zuwachsrate der Proportion zwischen Ersatzfonds und Nationaleinkommen, die geringste Zuwachsrate der Arbeitsproduktivität und die größte Zuwachsrate der Grundfondsintensität des gesamten Zeitraumes zu verzeichnen. Vorwegnehmend sei darauf hingewiesen, daß auch die Proportionen zwischen Mehrprodukt und notwendigem Produkt sowie zwischen Akkumulation und Konsumtion 1959 bis 1961 und 1963 ein abweichendes Verhalten gegenüber den anderen Jahren zeigten. Mehrprodukt und Akkumulation sanken in dieser Zeit im Verhältnis zum notwendigen Produkt und zur Konsumtion. Ab 1964 trat eine Tendenz zur Verbesserung der Proportion zwischen Ersatzfonds und Nationaleinkommen ein, die jährlichen Zuwachsraten stiegen nicht mehr so stark an und gingen 1969/1970 in eine sinkende Tendenz über. Ab 1964 nahmen auch die Zuwachsraten der Arbeitsproduktivität wieder zu, und das vorher starke Steigen der Grundfondsintensität ging in eine gleichbleibende Tendenz über.

Wäre das stärkere Steigen des Ersatzfonds gegenüber dem Nationaleinkommen nur durch eine verstärkte gesellschaftliche Arbeitsteilung bedingt gewesen, hätten sich einige positive Auswirkungen auf die Effektivitätsrelationen zeigen müssen. Ob sich der Wirkungsgrad des Materials verbessert hat, können erst Untersuchungen der Grundstoffintensität des Nationaleinkommens zeigen.

3.2.4. Zur Analyse der Wachstumsrelationen zwischen Aufkommens- und Verwendungsproportionen des Nationaleinkommens

Die Entwicklung der Grundproportionen hängt sehr stark von der Entwicklung der gesellschaftlichen Bedürfnisse sowie von der damit verbundenen Produktionsstruktur ab. Jedoch bestehen auch wesentliche Wechselbeziehungen zu den Effektivitätsrelationen. Das wird deutlich durch die empirische Analyse von 1955 bis 1970 bestätigt. Eine Übersicht über die Entwicklung von Mehrprodukt, notwendigem Produkt, Akkumulation und Konsumtion sowie weiterer Bestandteile des Nationaleinkommens wird in den Tabellen 10a und 10b gegeben.

Die Gesetzmäßigkeit eines vorrangigen Wachstums des *Mehrprodukts* gegenüber dem *notwendigen Produkt*[6] ist im Untersuchungszeitraum mit einer durchschnittlichen jährlichen Zuwachsrate des Mehrprodukts von 7,7 Prozent und einer durchschnittlichen jährlichen Zuwachsrate des notwendigen Produkts von 4,3 Prozent klar zu erkennen; der Abstand zwischen beiden Zuwachsraten beträgt 3,4 Punkte. Anders ausgedrückt: Das

[6] Politökonomisch stellt das notwendige Produkt die Summe der Lebens- und Bildungskosten für die Reproduktion der Arbeitskraft auf gegebenem gesellschaftlichen Niveau dar. Aber in Zusammenhang mit vorliegenden Untersuchungen wird der Begriff im engeren Sinne verwendet und das notwendige Produkt wie in der Tabelle 10a angegeben errechnet.

Tabelle 10a
Entwicklung der Proportion zwischen Mehrprodukt und notwendigem Produkt sowie der Proportion zwischen Akkumulation und Konsumtion (jährliche Zuwachsraten in Prozent) in der DDR

Jahr	Mp^{*}	nP^{**} ($\sim iKp$)	$\frac{Mp}{nP}$	A	K	$\frac{A}{K}$
1956	14,0	3,2	10,0	44,6	3,2	36,4
1957	13,3	5,6	7,6	18,8	7,1	13,3
1958	14,0	12,2	1,4	41,3	8,2	29,4
1959	8,2	9,3	– 1,4	12,3	8,1	4,5
1960	8,4	5,2	2,8	3,4	7,2	– 4,3
1961	– 2,9	3,8	– 5,5	– 10,5	3,5	– 13,6
1962	7,9	0,1	7,2	22,3	– 0,4	26,3
1963	– 4,3	0,9	– 5,4	– 10,7	0,9	– 12,5
1964	9,5	3,1	7,1	15,7	3,7	9,5
1965	7,8	4,0	2,7	11,5	4,3	8,7
1966	11,7	1,9	10,4	12,5	4,6	8,0
1967	6,5	3,0	3,5	5,9	4,3	0
1968	0,6	4,2	– 3,4	– 5,5	4,7	– 7,4
1969	13,5	4,5	8,2	21,1	5,6	12,0
1970	10,0	4,7	5,4	17,3	4,4	14,3

* Das Mehrprodukt ergibt sich aus der Differenz zwischen verwendetem Nationaleinkommen und notwendigem Produkt, d. h. es wurden bereits die Einflüsse der Außenwirtschaft berücksichtigt. (Die Korrektur des Mehrprodukts um die Differenz zwischen produziertem und verwendetem Nationaleinkommen ist erforderlich, um die Vergleichbarkeit zur Proportion zwischen Akkumulation und Konsumtion zu gewährleisten.)

** Das notwendige Produkt wurde errechnet als Produkt aus dem durchschnittlichen jährlichen Arbeitseinkommen der vollbeschäftigten Arbeiter und Angestellten der sozialistischen Wirtschaft und der Anzahl der im produzierenden Bereich Beschäftigten, gewichtet mit dem Index der Einzelhandelsverkaufspreise, der Leistungspreise und Tarife.

Verhältnis zwischen Mehrprodukt und notwendigem Produkt stieg während des gesamten Zeitraums auf 162 Prozent (vergleiche Abbildung 13).

Da das notwendige Produkt während des gesamten Zeitraums relativ kontinuierlich stieg, wurde das Wachstum der Proportion zwischen Mehrprodukt und notwendigem Produkt vor allem von der Entwicklung der Arbeitsproduktivität bestimmt. Das wird besonders in den Jahren 1961 und 1963 deutlich, als die niedrigsten Zuwachsraten dieser Proportion und der Arbeitsproduktivität zusammenfielen. (Das dazwischenliegende relativ stark steigende Verhältnis im Jahre 1962 macht insofern eine Ausnahme, als das notwendige Produkt fast stagnierte und die Zuwachsrate der Arbeitsproduktivität gegenüber dem Vor- und Folgejahr wieder etwas anstieg.) Hieran zeigt sich die enge Verbindung zwischen Effektivitätsrelationen und Grundproportionen: eine relativ niedrige Arbeitsproduktivität

Tabelle 10b
Entwicklung von Bestandteilen des Nationaleinkommens (produktive Akkumulation, Nettoinvestitionen im produzierenden Bereich, nichtproduktive Akkumulation, gesellschaftliche Konsumtion, individuelle Konsumtion, individuelle Konsumtion im nichtproduzierenden Bereich) in der DDR
(jährliche Zuwachsraten in Prozent)

Jahr	*pA*	*NIp*	*npA*	*gK*	*iK*	*iKnp*
1956	68,7	73,5	20,9	3,5	3,1	3,1
1957	19,8	– 11,9	17,5	7,3	7,1	10,6
1958	55,4	24,1	21,6	6,6	8,3	– 0,6
1959	20,6	67,7	– 2,7	7,7	8,1	5,0
1960	0,3	15,8	10,1	10,3	6,9	12,5
1961	– 16,9	– 5,3	2,2	5,9	3,3	2,9
1962	36,2	– 1,9	– 0,3	– 1,4	– 0,3	– 1,5
1963	– 17,5	– 0,8	4,5	1,2	0,8	0,8
1964	22,6	16,0	3,5	5,0	3,5	5,1
1965	15,1	13,0	4,0	7,8	3,9	4,9
1966	14,1	9,2	8,8	5,6	4,4	10,9
1967	2,0	13,5	15,3	8,0	3,9	7,1
1968	– 16,1	6,5	17,2	11,1	3,9	5,8
1969	24,4	25,1	16,1	7,0	5,4	7,8
1970	27,9	7,6	– 0,1	5,8	4,2	3,8

gewährleistet nicht das notwendig stärkere Wachstum des Mehrprodukts gegenüber dem notwendigen Produkt.

Die *Akkumulation* erhöhte sich mit einer durchschnittlichen jährlichen Zuwachsrate von 12,3 Prozent wesentlich schneller als die *Konsumtion* mit einer durchschnittlichen jährlichen Zuwachsrate von 4,6 Prozent; der Abstand beider Zuwachsraten beträgt 7,7 Punkte. Anders ausgedrückt: Das Verhältnis zwischen Akkumulation und Konsumtion stieg während des gesamten Zeitraums auf 291 Prozent (vergleiche Abbildung 13).

Die jährlichen Zuwachsraten waren sehr verschieden, worin das unterschiedliche Wirken vielfältiger Faktoren zum Ausdruck kommt. Jedoch ist der Einfluß der Proportion zwischen Mehrprodukt und notwendigem Produkt (und damit der Arbeitsproduktivität) unverkennbar: Bis auf geringe Ausnahmen ergibt ein Steigen dieser Proportion auch ein Steigen der Proportion zwischen Akkumulation und Konsumtion und umgekehrt. Diese Abhängigkeit ist auch an den durchschnittlichen jährlichen Zuwachsraten in verschiedenen Zeitabschnitten erkennbar, was in Tabelle 11 bestätigt wird.

In den Jahren 1960 bis 1964, als die Zuwachsraten der Arbeitsproduktivität abnahmen und die Grundfondsintensität ab 1961 stieg, war die stärkste Abnahme des Verhältnisses zwischen Akkumulation und Konsum-

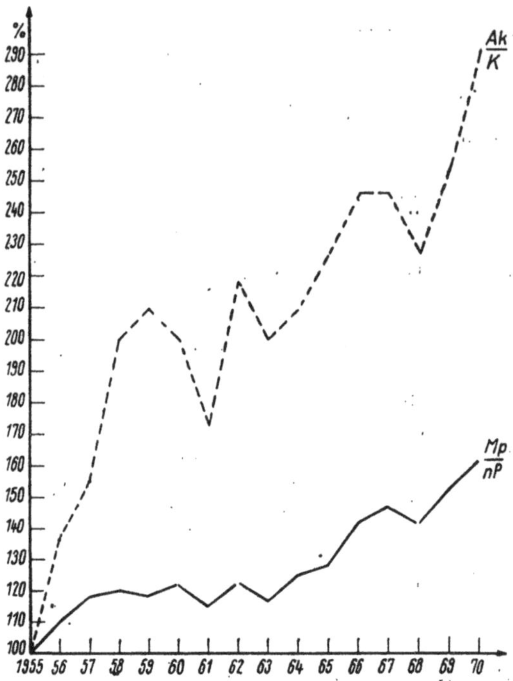

Abb. 13: Entwicklung der Proportion zwischen Mehrprodukt (*Mp*) und notwendigem Produkt (*nP*) sowie der Proportion zwischen Akkumulation (*A*) und Konsumtion (*K*)

Tabelle 11
Durchschnittliche jährliche Zuwachsraten in Prozent

	1955—1970	1955—1959	1960—1964	1965—1970
$\frac{MP}{nP}$	3,3	4,2	0,7	4,7
$\frac{A}{K}$	7,4	20,2	1,2	5,1

tion zu verzeichnen. Bei den sinkenden Zuwachsraten des Nationaleinkommens mußte ein bestimmter Zuwachs der Konsumtion gewährleistet bleiben, so daß die Akkumulation nicht mehr so stark wuchs wie vorher. Das hatte seinerseits Auswirkungen auf die Arbeitsproduktivität der folgenden Jahre.

Es soll noch einmal darauf hingewiesen werden, daß die *jährlichen* Zuwachsraten äußerst unterschiedlich waren. Das ist auch an den verschiedenen Schwankungsbereichen der Zuwachsraten in einzelnen Zeitabschnitten erkennbar, wie sie in den Tabellen 12 und 13 ausgewiesen werden.

Tabelle 12

Zeitraum	Zuwachsrate *Mp*			Zuwachsrate *nP*		
	Max..	Min.	Schwankungsbereich	Max.	Min.	Schwankungsbereich
1956–1959	14,0	8,2	5,8	12,2	3,2	9,0
1960–1964	9,5	– 4,3	13,8	5,2	0,1	5,1
1965–1970	13,5	0,6	12,9	4,7	1,9	2,8

Tabelle 13

Zeitraum	Zuwachsrate *A*			Zuwachsrate *K*		
	Max.	Min.	Schwankungsbereich	Max.	Min.	Schwankungsbereich
1956–1959	44,6	12,3	32,3	8,2	3,2	5,0
1960–1964	22,3	– 10,7	33,0	7,2	– 0,4	7,6
1965–1970	21,1	– 5,5	26,6	5,6	4,3	1,3

Mit Ausnahme des notwendigen Produkts, das sich am kontinuierlichsten von allen Bestandteilen des Nationaleinkommens entwickelte, sind die größten Schwankungen im Zeitraum von 1960 bis 1964 zu verzeichnen. Die unkontinuierliche Entwicklung des verwendeten Nationaleinkommens von 1960 bis 1964 (vergleiche Tabelle 6) wirkte sich besonders auf das Wachstum des Mehrprodukts und der Akkumulation aus. In diesen Zeitraum fällt auch mit Zeitverzögerungen der Umschwung zu einer ungünstigen Entwicklung der Effektivitätsrelationen. In den letzten Jahren (1965 bis 1970) ist die Tendenz zu geringer werdenden Schwankungen der Zuwachsraten bei allen Bestandteilen des Nationaleinkommens zu erkennen. Im Zusammenhang mit einer Verbesserung der Effektivitätsrelationen erfolgte auch eine kontinuierlichere Entwicklung der Grundproportionen.

Wenn wir die tatsächlichen Wachstumsrelationen der wichtigsten Aufkommens- und Verwendungsproportionen des Nationaleinkommens in der DDR mit den im Abschnitt 2.2.3.4. behandelten zukünftigen Erfordernissen vergleichen, so können folgende Feststellungen getroffen werden:

1. Die Akkumulation wächst schneller als das notwendige Produkt:

$$12{,}3 > 4{,}3 \rightarrow A' > nP'.$$

Diese Tendenz wird sich auch weiterhin durchsetzen. Sie ist die Folge einer wachsenden Fondsausstattung der Arbeitskraft.

2. Die Konsumtion wächst schneller als das notwendige Produkt:

$$4{,}6 > 4{,}3 \rightarrow K' > nP'.$$

Diese Tendenz ergibt sich daraus, daß die Anzahl der Beschäftigten im nichtproduzierenden Bereich stärker gewachsen ist als im produzierenden Bereich. In Zukunft wird das Wachstum der Konsumtion das des notwendigen Produkts noch stärker überholen. Bei weiterer Unterteilung der Konsumtion ergibt sich, daß die gesellschaftliche Konsumtion schneller wächst als die individuelle Konsumtion aus Einkommen außerhalb der materiellen Produktion, diese wiederum schneller als das notwendige Produkt.

$$6{,}0 > 5{,}1 > 4{,}3 \rightarrow gK' > iKnp' > nP'.$$

Durch die Tendenz der wachsenden Befriedigung der Bedürfnisse aus gesellschaftlichen Fonds und der relativ steigenden Arbeitskräfteanzahl in den nichtproduzierenden Bereichen werden sich die Differenzen zwischen den einzelnen Zuwachsraten noch vergrößern.

3. Die produktive Akkumulation wächst schneller als die nichtproduktive Akkumulation, diese wächst schneller als das Mehrprodukt:

$$14{,}7 > 9{,}0 > 7{,}7 \rightarrow pA' > npA' > Mp'.$$

Diese Zuwachsraten werden sich in Zukunft zunächst einander nähern, so daß ihre Differenzen kleiner werden, wenn eine stärkere Entwicklung der nichtproduzierenden Bereiche erforderlich wird und die Effektivität der produktiven Akkumulation schneller zunimmt als die Effektivität der nichtproduktiven Akkumulation.

Zusammenfassend sind folgende Ungleichungen für die Wachstumsrelationen von Aufkommens- und Verwendungsproportionen des Nationaleinkommens aus der Entwicklung im Zeitraum von 1955 bis 1970 festzustellen:

$$A' > Mp' > K' > nP'.$$

Diese Ungleichung folgt aus den entsprechenden durchschnittlichen jährlichen Zuwachsraten:

$$12{,}3 > 7{,}7 > 4{,}6 > 4{,}3.$$

Für die einzelnen Bestandteile der Grundproportionen gilt:

$$pA' > npA' > gK' > iKnp' > nP'.$$

Diese Ungleichung folgt aus den entsprechenden durchschnittlichen jährlichen Zuwachsraten:

$$14{,}7 > 9{,}0 > 6{,}0 > 5{,}1 > 4{,}3.$$

Abbildung 14 gibt einen Überblick über die Entwicklung der gesamten Bestandteile des Nationaleinkommens und ihre gegenseitigen Wachstumsrelationen.

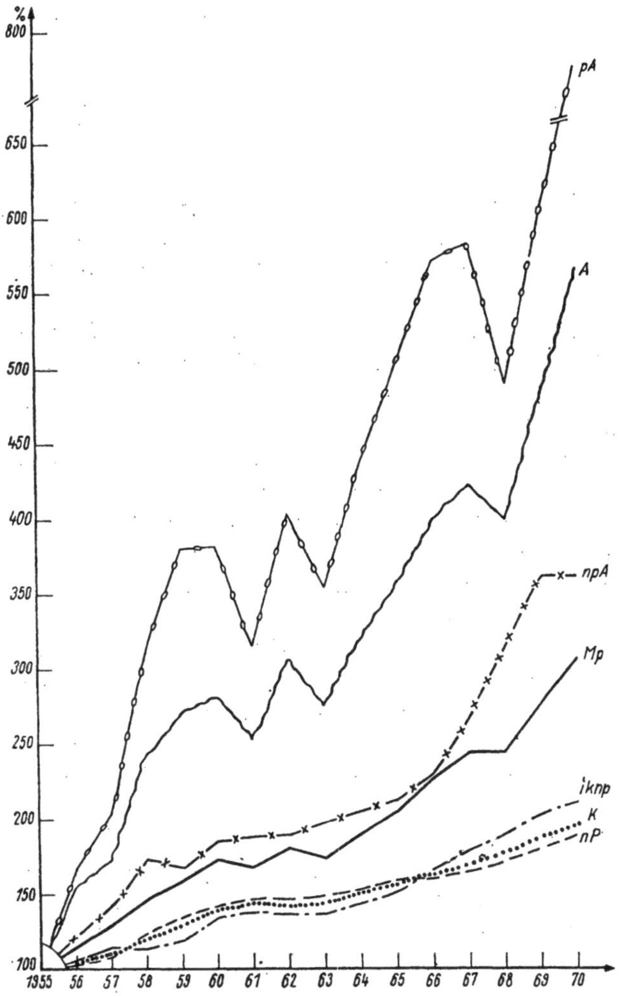

Abb. 14: Entwicklung von Bestandteilen des Nationaleinkommens

Aus der Abbildung ist die unterschiedliche Entwicklung in den einzelnen Jahren deutlich sichtbar, die sich besonders auf den Zeitabschnitt von 1960 bis 1964 konzentriert. Sie zeigt aber auch anschaulich die allgemeinen Tendenzen des Wachstums, wie sie weiter oben beschrieben sind.

Aus den durch die Analyse ermittelten Wachstumsrelationen der Grundproportionen, die natürlich auch von den Strukturanteilen der einzelnen Bestandteile abhängen, ergeben sich erste Anhaltspunkte dafür, wie die Proportionen unter Berücksichtigung der aufgezeigten Prozesse in der gesellschaftlichen und wirtschaftlichen Entwicklung zu verändern sind.

3.3. Übersicht über einige allgemeine Zusammenhänge der Entwicklung von Effektivitätsrelationen und Grundproportionen

Zum Schluß des dritten Kapitels soll eine kurze Übersicht über die sich durch die Analyse ergebenden allgemeinen Zusammenhänge der Entwicklungsrichtungen einiger volkswirtschaftlicher Effektivitätskennziffern gegeben werden.

Es sind jedoch in bezug auf die Aussagefähigkeit der Kennziffern zur Beurteilung der Effektivitätsentwicklung einige einschränkende Bemerkungen erforderlich. Zunächst soll auf die Hinweise eingangs des dritten Kapitels verwiesen werden, die für alle hochaggregierten Kennziffern zutreffen, wie Schwierigkeiten bei der quantitativen Erfassung aller Momente der Effektivität, Verzerrungen durch das bestehende Preissystem u. a. m. Eine umfassende Einschätzung der Effektivität auf volkswirtschaftlicher Ebene erfordert natürlich auch, den Einfluß von Strukturveränderungen auf die Grundproportionen und Effektivitätsrelationen im einzelnen zu untersuchen.

Ferner ist zu berücksichtigen, daß sich die Effektivitätsmaßstäbe in verschiedenen Zeitabschnitten je nach den vorhandenen Bedürfnissen einerseits und den vorhandenen Ressourcen an Arbeitskräften und Produktionsmitteln andererseits verändern, so daß von einer ungleichen Entwicklung der Effektivitätskennziffern nicht ohne weiteres auf eine positive oder negative Entwicklung der Effektivität geschlossen werden kann. Aus diesem Grunde können die miteinander verbundenen Wachstumstendenzen der Effektivitätsrelationen und Grundproportionen (in Ungleichungen ausgedrückt) nicht für den gesamten Untersuchungszeitraum als Kriterien der Effektivität gelten. Sie kristallisieren sich erst in den letzten Jahren mit dem Übergang zur intensiven Entwicklung der Volkswirtschaft und mit einem höheren Niveau der Bedürfnisbefriedigung heraus, das mit einer stärkeren Entwicklung der nichtproduzierenden Bereiche verbunden ist.

Eine wichtige Aufgabe besteht darin, die Entwicklungstempi entsprechend der Dynamik der Bedürfnisse durch eine entsprechende Strukturgestaltung im Prognosezeitraum voll durchzusetzen.

Bei der Analyse im vorangegangenen Abschnitt wurden vorwiegend die *durchschnittlichen jährlichen* Zuwachsraten für bestimmte Zeitabschnitte untersucht, um Entwicklungstendenzen feststellen zu können, und nur einzelne charakteristische Jahre herausgegriffen. Eine Betrachtung der *jährlichen* Zuwachsraten ist aber nicht nur zur Feststellung der Kontinuität wichtig, sondern zeigt auch die gegenseitige Beeinflussung der einzelnen Effektivitätsrelationen und Grundproportionen. Deshalb soll in abschließender Zusammenfassung noch eine kurze Übersicht über die Entwicklung in den einzelnen Jahren gegeben werden. Tabelle 14 zeigt die Zusammenhänge von Veränderungen der jährlichen Zuwachsraten von Effektivitätskennziffern.

Aus Tabelle 14 ist ersichtlich, daß die Entwicklung des Nationaleinkommens pro Kopf der Bevölkerung im wesentlichen von der Entwicklung der

Tabelle 14
Veränderungen der jährlichen Zuwachsraten von Effektivitätskennziffern

Kennziffer	1957	58	59	60	61	62	63	64	65	66	67	68	69	70
Zuwachsrate $\frac{NE}{B}$	+	+	–	–	–	+	–	+	–	+	–	–	+	–
Zuwachsrate *Ap*	–	+	–	–	–	+	–	+	+	+	–	–	+	–
Zuwachsrate *GFa*	–	+	+	+	+	+	+	–	=	–	–	+	–	+
f_{GF}	+	+	+	=	–	=	–	=	=	=	=	–	–	+
$\frac{EF}{NE}$	+	+	–	–	–	–	–	–	–	–	–	–	+	+
Zuwachsrate *Mp*	–	+	–	+	–	+	–	+	–	+	–	–	+	–
Zuwachsrate *nP*	+	+	–	–	–	–	–	+	+	–	+	+	+	+
Zuwachsrate *A*	–	+	–	–	–	+	–	+	–	+	–	–	+	–
Zuwachsrate *NIp*	–	+	+	–	–	+	+	+	–	–	+	–	+	–
Zuwachsrate *K*	+	+	–	–	–	–	+	+	+	+	–	+	+	–

Erläuterungen

= gleichbleibende Zuwachsraten

+ Zuwachsraten folgender Kennziffern steigen: $\frac{NE}{B}$, *Ap, GFa, Mp, nP, A, NIp, K* (ein Steigen der Zuwachsraten dieser Kennziffern wirkt sich günstig auf die Effektivitätsentwicklung aus)

+ Folgende Kennziffern sinken: f_{GF}, $\frac{EF}{NE}$ (ein Sinken der Zuwachsraten dieser Kennziffern wirkt sich günstig auf die Effektivitätsentwicklung aus)

– Zuwachsraten folgender Kennziffern sinken: $\frac{NE}{B}$, *Ap, GFa, Mp, nP, NIp, K*

– Folgende Kennziffern steigen: f_{GF}, $\frac{EF}{NE}$

gesellschaftlichen Arbeitsproduktivität bestimmt wird, da sich die Relation zwischen den im produzierenden Bereich Beschäftigten und der Bevölkerung nicht wesentlich verändert hat.

Ziemlich eindeutig ist ebenfalls der Einfluß der gesellschaftlichen Arbeitsproduktivität auf die Entwicklung des Mehrprodukts abzulesen. Die Veränderung der Zuwachsraten der Arbeitsproduktivität stimmt unter anderem deshalb nicht genau mit der Veränderung der Zuwachsraten des Mehrprodukts überein, weil das notwendige Produkt relativ kontinuierlich wuchs und seine Zuwachsraten weniger stark schwankten als die des Mehrprodukts und der Arbeitsproduktivität.

Die Entwicklung der Proportionen des Nationaleinkommens zeigt ebenfalls einen bestimmten Gleichlauf. Das Wachstum der Akkumulation folgt fast genau den Wachstumsrichtungen des Mehrprodukts, und das Wachstum der Konsumtion ist dem Wachstum des notwendigen Produkts ähnlich.

Das schnellere Wachstum des Ersatzfonds gegenüber dem Nationaleinkommen ist ab 1959 mit sinkenden Zuwachsraten der Arbeitsproduktivität in drei Folgejahren und ab 1961 mit steigender bzw. konstanter Grundfondsintensität verbunden.

Zwischen Arbeitsproduktivität und Grundfondsausstattung sowie zwischen Akkumulation und Grundfondsausstattung sind keine ähnlichen Tendenzen im Wachstum zu erkennen. Bei der Akkumulation ist das offensichtlich auch nicht möglich, weil nichtproduktive Akkumulation und Veränderungen von Beständen und Reserven keinen unmittelbaren Einfluß auf die Entwicklung der Grundfondsausstattung ausüben. Betrachtet man die Nettoinvestitionen im produzierenden Bereich gesondert, ist auch von dieser Seite kein unmittelbarer Zusammenhang zur Grundfondsausstattung festzustellen, weil außerdem vor allem noch die Aussonderung von Grundmitteln und die unvollendeten Investitionen berücksichtigt werden müssen.

In Tabelle 14 ist vor allem der Einfluß der Arbeitsproduktivität auf das Wachstum anderer Effektivitätsrelationen und Grundproportionen zu erkennen. Von Interesse wäre natürlich die umgekehrte Fragestellung, wie die in den anderen Effektivitätsrelationen und Grundproportionen zum Ausdruck kommenden Prozesse auf das Wachstum der Arbeitsproduktivität einwirken. In dieser Richtung sind unseres Erachtens keine unmittelbaren Zusammenhänge ersichtlich, auch wenn man oder gerade wenn man eine gewisse Zeitverzögerung berücksichtigt. Hierzu reichen Kennziffern in dieser globalen Form sicher nicht aus, sie müßten weiter in ihre einzelnen Bestandteile untergliedert werden. Zum Beispiel besteht keine unmittelbare und zeitlich gleichwirkende Beziehung zwischen Akkumulation und Arbeitsproduktivität (ganz abgesehen von der Beziehung zwischen Konsumtion und Arbeitsproduktivität). Zwischen den Veränderungen der Zuwachsraten der Nettoinvestitionen im produzierenden Bereich und der Arbeitsproduktivität ist selbst unter Berücksichtigung einer Zeitverzögerung nur teilweise ein gewisser Gleichlauf zu erkennen. Hierbei müßte zunächst vom direkten Zusammenhang zwischen den produktiven Brutto-Ausrüstungsinvestitionen und dem Zuwachs an gesellschaftlichem Gesamtprodukt ausgegangen werden, um dann über einige vermittelnde Zwischenglieder zur gesellschaftlichen Arbeitsproduktivität zu kommen.

Nach dem Vergleich von Entwicklungstendenzen der jährlichen Zuwachsraten von Effektivitätskennziffern soll in Tabelle 15 eine Übersicht gegeben werden, wie die zusammengefaßten Wachstumsrelationen der Elemente des Systems sich in den einzelnen Jahren entwickeln.

Tabelle 15
Vergleich der Zuwachsraten von Effektivitätsrelationen und Grundproportionen

Zuwachsraten a	b	1956	57	58	59	60	61	62	63	64	65	66	67	68	69	70
Ap	$\frac{NE}{B}$	−	−	−	+	−	−	+	+	−	+	+	−	+	−	−
Ap	GFa	+	+	+	+	+	−	−	−	−	−	+	+	−	+	+
Mp	nP	+	+	+	−	+	−	+	−	+	+	+	+	−	+	+
A	K	+	+	+	+	−	−	+	−	+	+	+	+	−	+	+
A	Mp	+	+	+	+	−	−	+	−	+	+	+	−	−	+	+
K	nP	=	+	−	−	+	−	=	−	+	+	+	+	+	−	−

Erläuterung:
= bedeutet $a = b$
+ bedeutet $a > b$
− bedeutet $a < b$

Aus der Tabelle 15 ist zu ersehen, wie sich die im zweiten Kapitel vorliegender Arbeit dargestellten Wachstumsrelationen zwischen den einzelnen Effektivitätsrelationen und Grundproportionen im Verlaufe des Untersuchungszeitraums mehr oder weniger deutlich herausgebildet haben. Die gesellschaftliche Arbeitsproduktivität stieg von 1956 bis 1961 bis auf eine Ausnahme (1959) von Jahr zu Jahr nicht so schnell wie das Nationaleinkommen pro Kopf der Bevölkerung. Ab 1962 erfolgte der Umschlag in die umgekehrte Tendenz, 1969/1970 wuchs das Nationaleinkommen pro Kopf der Bevölkerung wieder schneller als die Arbeitsproduktivität. Diese Entwicklung steht in engem Zusammenhang mit dem Wachstum der Konsumtion im Verhältnis zum Wachstum des notwendigen Produkts. Von 1956 bis 1962 stieg die Konsumtion in vier Jahren nicht so schnell wie das notwendige Produkt, während dieser Fall in den darauf folgenden Jahren nur noch zweimal eintrat. Je mehr sich der Einfluß der nichtproduzierenden Bereiche auf die Entwicklung der Bedürfnisbefriedigung verstärkt und damit die Anzahl der dort Beschäftigten im Verhältnis zur Anzahl der im produzierenden Bereich Beschäftigten zunimmt, um so mehr werden sich die Wachstumstempi der gesellschaftlichen Arbeitsproduktivität gegenüber dem Nationaleinkommen pro Kopf der Bevölkerung und der Konsumtion gegenüber dem notwendigen Produkt verstärken müssen.

Die Wachstumsrelationen zwischen Mehrprodukt und notwendigem Produkt sowie zwischen Akkumulation und Konsumtion zeigen trotz der zwischen beiden Grundproportionen bestehenden vielfältigen Umverteilungsprozesse einen fast gleichen Verlauf (eine Ausnahme bilden die Jahre 1959 und 1960). Die Akkumulation wuchs zwar insgesamt schneller als das Mehrprodukt, aber für die einzelnen Jahre gesehen vollzog sich diese Entwicklung nicht erst verstärkt in der zweiten Hälfte des Untersuchungszeitraums, wie das bei anderen Kennziffern der Fall war. Jedoch weist ein Vergleich mit der Wachstumsrelation zwischen gesellschaftlicher Arbeitsproduktivität und Grundfondsausstattung auf eine ungünstige Entwicklung hin. Von 1956 bis 1959/1960 ist ein schnelleres Wachstum der Akkumulation gegenüber dem Mehrprodukt mit einem schnelleren Wachstum der Arbeitsproduktivität gegenüber der Grundfondsausstattung verbunden, in den Jahren 1962, 1964 und 1965 ist das nicht mehr der Fall. Also ergab sich das notwendige schnellere Wachstum der Akkumulation teilweise aus einer ungünstigen Relation zwischen Arbeitsproduktivität und Grundfondsausstattung, d. h. aus einem Ansteigen der Grundfondsintensität durch ungenügende Auslastung der Grundmittel.

Aus der empirischen Analyse von Systemzusammenhängen zwischen den Effektivitätskennziffern kann zusammenfassend folgendes abgeleitet werden:

– Die Analyse von *Systemzusammenhängen* zwischen Effektivitätsrelationen und Grundproportionen liefert bessere Informationen zur Einschätzung der volkswirtschaftlichen Effektivität als die getrennt vorgenommene Analyse anhand einzelner Effektivitätskennziffern.

– Die für eine vorwiegend intensive Entwicklung der Volkswirtschaft charakteristischen *Wachstumsrelationen* zwischen den Effektivitätskennziffern setzen sich als Tendenz über einen längeren Zeitraum durch. Es ist von größter Bedeutung für die Entwicklung der volkswirtschaftlichen Effektivität, Entwicklungstendenzen der Wachstumsrelationen in bestimmten Zeitabschnitten zu ermitteln.

– Die synthetischen volkswirtschaftlichen Effektivitätskennziffern und ihre Wachstumsrelationen eignen sich hauptsächlich für *langfristige Analy-*

sen und Prognosen beziehungsweise für die *langfristige Planung* der Effektivitätsentwicklung, da sie Prozesse widerspiegeln, die sich über einen längeren Zeitraum erstrecken.

– Die Analyse der *jährlichen* Zuwachsraten der Effektivitätskennziffern ergibt gegenüber langfristigen Tendenzen zusätzliche Informationen über die *Kontinuität* des Reproduktionsprozesses.

4. Schlußbemerkung

Volkswirtschaftliche Effektivitätsbetrachtungen sind nicht nur für die Analyse vergangener Zeiträume von Bedeutung, sondern erhalten auch immer mehr Eingang in die *Prognose* und langfristige Planung des sozialistischen Reproduktionsprozesses. Die Anwendung begründeter Effektivitätskriterien erlaubt es, aus der Vielzahl der möglichen wissenschaftlich-technischen Entwicklungsrichtungen diejenigen auszuwählen, die mit den vorhandenen Ressourcen die beste Befriedigung der Bedürfnisse gestatten. Es liegt im Wesen langfristig zu planender Prozesse begründet, daß zur gegenwärtigen Zeit nicht immer genaue Aussagen darüber getroffen werden können, welche einzelnen Erzeugnisse und Technologien zum Beispiel im Jahre 1990 die Bedürfnisse befriedigen und den Produktionsprozeß beherrschen werden. Aber von Wichtigkeit ist heute schon, welche *allgemeinen* Entwicklungstendenzen verwirklicht werden müssen.

Von Bedeutung wird hierbei ein Komplex von Effektivitätskriterien sein, der eine *zusammenfassende* Übersicht über die notwendige und mögliche Entwicklung *volkswirtschaftlicher* Effektivitätsrelationen und Grundproportionen gestattet. Die ausreichende Befriedigung von Bedürfnissen, die zu einem späteren Zeitpunkt auftreten werden, macht es dringend erforderlich, schon jetzt die sich daraus ergebenden Anforderungen an volkswirtschaftliche Entwicklungsrichtungen zuermitteln, da die volkswirtschaftliche Proportionalität in ihren Grundformen nur über relativ lange Zeiträume verändert werden kann. Also ergeben sich aus den Anforderungen zukünftig zu beachtender Proportionen schon bestimmte Aufgabenstellungen für die Gegenwart.[1]

Nehmen wir beispielsweise die Wachstumsrelation zwischen gesellschaftlicher Arbeitsproduktivität und Nationaleinkommen pro Kopf der Bevölkerung, auf deren Bedeutung für die zukünftige Entwicklung schon mehrfach hingewiesen wurde. Die Beziehung zwischen diesen beiden Kennziffern wird

[1] Nähere Ausführungen über die Zusammenhänge zwischen Plan und Prognose sowie die Aufgabenstellung der langfristigen Planung finden sich bei T. Chatschaturow (vgl. T. Chatschaturow, Die Planung des Wirtschaftswachstums und die Rolle wissenschaftlicher Prognosen, in: Sowjetwissenschaft, Gesellschaftswissenschaftliche Beiträge, H. 10/1972, S. 1074ff.)

von der Entwicklung der im produzierenden Bereich Beschäftigten im Verhältnis zum Bevölkerungswachstum bestimmt. Wie aus internationalen Vergleichen hervorgeht, ist der Anteil der im produzierenden Bereich Beschäftigten im Vergleich zur Gesamtbeschäftigtenzahl in der DDR zur Zeit noch relativ hoch, er betrug 1970 etwa 83 Prozent. Wir stehen vor der Aufgabe, langfristig gesehen diesen Anteil beträchtlich zu senken. Welche Konsequenzen sich daraus für die Erhöhung der gesellschaftlichen Arbeitsproduktivität im Vergleich zum Wachstum des Nationaleinkommens pro Kopf der Bevölkerung ergeben können, soll an einem konstruierten Beispiel erläutert werden. Es wird angenommen – ohne tatsächlich eine solche Prognose aufstellen zu wollen –, im Jahre 2000 sei ein Verhältnis der im produzierenden Bereich Beschäftigten zu den im nichtproduzierenden Bereich Beschäftigten von 50:50 erforderlich, was nach internationalen Prognosen durchaus möglich ist. Ferner sei zur Vereinfachung vorausgesetzt, daß die Anzahl der Bevölkerung und der Gesamtbeschäftigten im Jahre 2000 gegenüber 1970 etwa gleichbleibt. Hierbei ist impliziert, daß der Beschäftigungsgrad sich nicht ändern wird. (Es kann auch angenommen werden, daß er sich nicht wesentlich ändert, weil zwar einerseits noch Quellen an Arbeitsressourcen erschlossen werden können, aber andererseits durch Erhöhung des allgemeinen Bildungsniveaus die Zahl der in der Ausbildung befindlichen Personen und durch erhöhte Lebenserwartung die Zahl der Altersrentner steigt.) Wenn unter diesen Bedingungen der Anteil der im nichtproduzierenden Bereich Beschäftigten an den Gesamtbeschäftigten von 17 Prozent im Jahre 1970 auf 50 Prozent im Jahre 2000 angewachsen sein soll (bzw. der Anteil der im produzierenden Bereich Beschäftigten von 83 Prozent im Jahre 1970 auf 50 Prozent im Jahre 2000 gesunken sein soll), so muß die gesellschaftliche Arbeitsproduktivität über den gesamten Zeitraum bis dahin jährlich im Durchschnitt um etwa 1,7 Prozent schneller wachsen als das Nationaleinkommen pro Kopf der Bevölkerung. Würde letzteres also beispielsweise im angegebenen Zeitraum um durchschnittlich jährlich 5 Prozent steigen, so müßte die gesellschaftliche Arbeitsproduktivität um 6,8 Prozent wachsen. Ein derart schnelleres Wachstum der Arbeitsproduktivität wurde bisher selbst in den günstigsten Jahren noch nicht erreicht. Aus der Stärke des vorrangigen Wachstums der gesellschaftlichen Arbeitsproduktivität ist klar ersichtlich, daß eine für die „fernere" Zukunft erforderliche Proportionalität nicht erst in späteren Jahren, sondern bereits in der Gegenwart vorbereitet werden muß, da sonst das später notwendige um so höhere Wachstum der Arbeitsproduktivität die Grenzen der Möglichkeiten überschreiten kann.

Ebenso wie die Bedeutung der Wachstumsrelation zwischen gesellschaftlicher Arbeitsproduktivität und Nationaleinkommen pro Kopf der

Bevölkerung wird auch die Bedeutung der Wachstumsrelationen zwischen Fondsausstattung der Arbeitskraft und gesellschaftlicher Arbeitsproduktivität sowie zwischen den volkswirtschaftlichen Grundproportionen des Aufkommens und der Verwendung des Nationaleinkommens für langfristig zu leitende Prozesse der Effektivität des Reproduktionsprozesses weiterhin zunehmen. Deshalb müssen die Wachstumsrelationen analog dem angegebenen Beispiel aus den zukünftigen Aufgaben und den gegenwärtigen Bedingungen abgeleitet und quantifiziert werden.

Um eine komplexe Einschätzung der Effektivitätsentwicklung des Reproduktionsprozesses aus volkswirtschaftlicher Sicht zu ermöglichen, ist die Lösung einiger wichtiger Probleme der Effektivitätsrechnung herangereift. „Das Wachstum der Effektivität der Arbeit in unserer gesamten Volkswirtschaft und damit auch das Tempo für die weitere Erhöhung des materiellen und kulturellen Lebensniveaus des Volkes hängen weitgehend davon ab, wie wir die Errungenschaften der wissenschaftlich-technischen Revolution für unsere Volkswirtschaft nutzen. Nur in der sozialistischen Gesellschaftsordnung kann sie allseitig entwickelt werden, und ihre Früchte kommen allen Werktätigen zugute."[2] Hierbei wird auch ein Instrumentarium benötigt, das die wichtigsten Faktoren der Effektivität in ihrer Wirkung auf den sozialistischen Reproduktionsprozeß widerspiegelt. Die Konzentration auf die Erhöhung des Volkswohlstandes, der wachsende Größenumfang und die zunehmende Verflechtung der in der Volkswirtschaft vor sich gehenden Prozesse machen einen Komplex von Effektivitätskriterien erforderlich, mit dem die wechselseitigen Zusammenhänge erfaßt und die Richtung der weiteren Entwicklung festgelegt werden können. Das in vorliegender Arbeit behandelte System von Effektivitätskriterien beinhaltet vor allem die im *produzierenden Bereich* vor sich gehenden Prozesse, und über die Wachstumsrelationen der Grundproportionen werden Beziehungen zum nichtproduzierenden Bereich hergestellt. Hiermit wird der Versuch unternommen, für einige wichtige Bestandteile des Systems volkswirtschaftlicher synthetischer Effektivitätskriterien gegenseitige Zusammenhänge und notwendige Wachstumsrelationen aufzuzeigen, die besonders durch die Entwicklung neuer Bedürfnisse und die Verbindung der wissenschaftlich-technischen Revolution mit den Vorzügen der sozialistischen Gesellschaftsordnung bedingt sind. Somit bewegt sich die *Aussagekraft des Systems* in bestimmten Grenzen, und es bedarf der ständigen Weiterentwicklung und Vervollkommnung. Neben der Ergänzung durch weitere Kriterien und der Quantifizierung der Wachstumsrelationen müssen die Einbeziehung der Effektivität der Außenwirtschaftsbeziehungen und des

[2] W. Stoph, Bericht zur Direktive des VIII. Parteitages . . ., a. a. O., S. 27

Zeitfaktors in das System der Effektivitätskriterien im Vordergrund weiterer Forschungsarbeit stehen.

Zur komplexen Einschätzung der Effektivität gehört weiterhin die Frage nach der Effektivität der in den *nichtproduzierenden Bereichen* geleisteten gesellschaftlich nützlichen Arbeit. Neben den sich daraus ergebenden theoretischen Problemen rückt auch die Frage nach der Meßbarkeit der Effektivität der nichtproduzierenden Bereiche sowie nach den meßbaren Zusammenhängen zum produzierenden Bereich immer mehr in den Mittelpunkt. Prinzipiell konnte für diesen Bereich bisher weder die Frage gelöst werden, wie er voll in die Verflechtungsbilanzierung einbezogen werden kann, noch wie sich sein Zusammenhang zum produzierenden Bereich in einem Gesamtsystem volkswirtschaftlicher Effektivitätskriterien darstellt. Man muß davon ausgehen, daß das Gesetz der Ökonomie der Zeit in allen Bereichen der gesellschaftlichen Arbeit wirkt. Im produzierenden Bereich sind Aufwand und Ergebnis noch relativ leicht zu ermitteln und darzustellen. Anders ist die Sachlage im nichtproduzierenden Bereich. Hier ist das Ergebnis der geleisteten Arbeit noch schwieriger in quantitativen Größen auszudrücken als der Aufwand. Einen Ansatzpunkt zur Darstellung und Messung der Effektivität im nichtproduzierenden Bereich liefert die *Aufwand-Nutzen-Analyse.*[3] Die Besonderheit dieser Methode besteht darin, daß nicht nur die *ökonomischen* Auswirkungen der im nichtproduzierenden Bereich geleisteten Arbeit berücksichtigt werden, sondern verschiedene Aspekte der allgemeinen *gesellschaftlichen* Zielstellung (beispielsweise Freizeitgewinnung, Ergebnisse der gesundheitlichen Betreuung, soziale Auswirkungen der Anwendung wissenschaftlicher Erkenntnisse) in die Ergebniskomponente einbezogen werden können. In dieser Komplexität besteht gerade der eigentliche Kern der Effektivitätsproblematik in diesem Bereich. Im Rahmen dieser Methode werden Aufwand und Nutzen bestimmter Alternativen von Programmen und Maßnahmen im Hinblick auf die Zielrealisierung erforscht, bewertet und miteinander verglichen. Dabei gibt es verschiedene Methoden, die auch dann angewendet werden können, wenn Aufwand und Nutzen nicht in Geldeinheiten ausdrückbar sind.

Außerdem kann die Effektivität des Reproduktionsprozesses aus volkswirtschaftlicher Sicht nur dann richtig ermittelt werden, wenn die durch *strukturelle Faktoren* gegebenen Relationen zwischen den volkswirtschaft-

3 Näheres hierzu findet sich unter dem Aspekt der Entscheidungstheorie bei M. Heydt/U. Ludwig, Theoretische und methodische Aspekte der Aufwand-Nutzen-Analyse in Forschung und Entwicklung, in: Wissenschaft – Ökonomie – Fortschritt, Ökonomische Probleme des wissenschaftlich-technischen Fortschritts, Schriften des Zentralinstituts für Wirtschaftswissenschaften der AdW der DDR, Nr. 6 Berlin 1974, S. 252–282.

lich globalen Effektivitätskriterien und den Kriterien in den einzelnen Bereichen, Zweigen, Stufen, Territorien und anderen Komplexen hinreichend bekannt sind und für die Erhöhung der gesamtvolkswirtschaftlichen Effektivität ausgenutzt werden. Die Zusammenhänge zwischen volkswirtschaftlichen Effektivitätsrelationen und Grundproportionen sind von uns im Prinzip nur in hochaggregierten Effektivitätskennziffern dargestellt worden, ohne die Wirkung von Strukturveränderungen im besonderen zu berücksichtigen. Die Proportionalität und Effektivität wird jedoch wesentlich durch Wandlungen der Struktur innerhalb der Faktoren und Komplexe der Volkswirtschaft beeinflußt. Bei Untersuchungen dieser Art kann die *Verflechtungsbilanzierung* ein Bindeglied zwischen der Entwicklung der Effektivitätskriterien und volkswirtschaftlichen Strukturveränderungen sein. Man muß jedoch berücksichtigen, daß Zweck der Verflechtungsbilanzierung Konsistenzanalysen sind, mit denen vorgegebene Ziele auf ihre Realisierbarkeit überprüft werden können. Damit geht es um wichtige Bedingungen für die Effektivität. Die Verflechtungsbilanz selbst läßt jedoch keine Aussagen über Proportionalität und Effektivität zu.

Ein System von Effektivitätsrelationen und Grundproportionen dient dazu, die geplante bzw. prognostizierte Bedürfnisentwicklung so mit den vorhandenen Ressourcen zu verbinden, daß effektive Wege der Wirtschaftsentwicklung beschritten werden können. Und zwar in dem Sinne, daß sowohl die Bedürfnisse ausreichend befriedigt als auch die Ressourcen optimal genutzt werden. Notwendige Entscheidungen über Rangfolge und Proportionalität der Bedürfnisse sowie über die einzuschlagenden Wege der Entwicklung von Wissenschaft und Technik können damit noch nicht ausreichend begründet werden. Die dargelegten Systemzusammenhänge können nur ein Hilfsmittel für volkswirtschaftliche Entscheidungen sein und sie auch nur teilweise begründen. Das Auffinden und die kritische Einschätzung der Entwicklung dieser Zusammenhänge bildet eine gewisse Vorarbeit für die Entscheidungsfindung. Grundlage dafür ist jedoch die Bewertung der vor sich gehenden Prozesse. Außerdem sind Entscheidungen noch von vielen anderen Faktoren abhängig, die im System nicht erfaßt werden können und die mit der internationalen politischen Lage, dem Niveau und der Entwicklung der Produktionsverhältnisse usw. zusammenhängen.

Eine Möglichkeit zur Weiterentwicklung auf diesem Gebiet liegt zweifellos in der Ausnutzung von Erkenntnissen der *Entscheidungstheorie*, indem durch Erarbeitung von Bewertungssystemen, wie Nutzensfunktionen, Präferenzordnungen, Axiomensystemen, die Ableitung notwendiger Entscheidungen erleichtert wird. Die Entscheidungstheorie stellt uns Methoden zur Verfügung, die eine quantitative Analyse der Entscheidungsprobleme ermöglichen, die Wirkungen von Entscheidungen aufzeigen und die möglichen Aspekte einer Entscheidung berücksichtigen. Eine Rolle spielt beispielsweise die Berechnung der Wahrscheinlichkeit des Eintreffens wünschenswerter oder weniger wünschenswerter Wirkungen von Entscheidungen. Eine gewisse Formalisierung des Entscheidungsprozesses kann Entscheidungen erleichtern, enthebt uns aber keineswegs der sachbezogenen Beurteilung der zur Auswahl stehenden Varianten.

Die in der Schlußbemerkung genannten Probleme sollten einen Einblick in noch offene Fragen einer volkswirtschaftlichen Effektivitätsrechnung geben. Im gesamten Komplex der volkswirtschaftlichen Effektivität hat das System synthetischer Effektivitätskriterien auf volkswirtschaftlicher Ebene einen festen Platz und ist im Verlauf der weiteren Forschungsarbeit mit der Effektivitätsrechnung in anderen Bereichen der Volkswirtschaft zu verbinden.

Anhang

Übersicht über verwendete Kennziffern und Symbole

$\frac{vNE}{B}$ – verwendetes Nationaleinkommen pro Kopf der Bevölkerung

Ap – gesellschaftliche Arbeitsproduktivität

Ap – $\frac{vNE}{AKp}$

vNE – verwendetes Nationaleinkommen

AKp – im produzierenden Bereich Beschäftigte

AKg – Gesamtbeschäftigte

$AKnp$ – im nichtproduzierenden Bereich Beschäftigte

$\frac{BFp}{AKp}$ – Bildungsfondsausstattung

BFp – Bildungsfonds im produzierenden Bereich

$\frac{BFp}{vNE}$ – Bildungsfondsintensität

f_{GF} – Grundfondsintensität

f_{GF} – $\frac{GFa}{Ap}$

GFa – Grundfondsausstattung

GFa – $\frac{GF}{AKp}$

GF – Grundfonds im produzierenden Bereich

Mp – Mehrprodukt

nP – notwendiges Produkt (entspricht etwa der individuellen Konsumtion aus Einkommen innerhalb der materiellen Produktion)

A – Akkumulation

K – Konsumtion

EF – Ersatzfonds

m_i – Materialintensität

m_i – $\frac{Mv}{vNE}$

Mv – Materialverbrauch

pA – produktive Akkumulation
NIp – Nettoinvestitionen im produzierenden Bereich
npA – nichtproduktive Akkumulation
$iKnp$ – individuelle Konsumtion aus Einkommen außerhalb der materiellen Produktion
gK – gesellschaftliche Konsumtion

Personenregister

Sachregister

Bei Fragen zur Produktsicherheit wenden Sie sich bitte an:
If you have any questions regarding product safety,
please contact:

Walter de Gruyter GmbH
Genthiner Straße 13
10785 Berlin
productsafety@degruyterbrill.com